现代学校校长
管理攻略
XIANDAIXUEXIAOXIAOZHANG
GUANLIGONGLUE

U0589396

校园安全
与危机处理

[XIAOYUANANQUAN
YUWEIJICHULI]

李淑莲　王传明●编著

吉林文史出版社

图书在版编目（CIP）数据

校园安全与危机处理／李淑莲，王传明编著．——长春：吉
林文史出版社，2013．2（2021.6重印）
ISBN 978 - 7 - 5472 - 1458 - 9

Ⅰ．①校…　Ⅱ．①李…　Ⅲ．①学校管理 - 安全管理

Ⅳ．①G474

中国版本图书馆 CIP 数据核字（2013）第 028005 号

现代学校校长管理攻略

校园安全与危机处理

XIAOYUANANQUANYUWEIJICHULI

编著／李淑莲　王传明

责任编辑／高冰若

封面设计／小徐书装

出版发行／吉林文史出版社

地址／长春市福祉大路5788号

邮编／130118

网址／www.jlws.com.cn

印刷／三河市燕春印务有限公司

开本／710mm×1000mm　1/16

印张／14　字数／150 千字

版次／2013 年 6 月第 1 版　2021年 6 月第 3 次印刷

书号／ISBN 978 - 7 - 5472 - 1458 - 9

定价／39.80 元

目 录

目

录

第一章 校园安全之政策法规篇

　　安全是革命本钱,健康是人生基础,但是,如果不注意,"本钱"将花尽,"基础"将毁掉。届时,即使你满腹经纶,也只是明日黄花。所以说,为了自己长寿,为了亲人,重视安全,使自己健康、快乐度过每一天。由此可证:安全是生命之本,安全是头等财富。

　　各中小学校、幼儿园要坚持依法治校、依法治园,对原有的应急预案进行检查、完善,健全安全管理工作的规章制度。要按照《办法》的要求,将安全管理职责分解细化,落实到部门、落实到人员、落实到学校日常工作中。校长、园长要在学校安全制度建设和加强安全管理方面切实负起责任。全社会都要明确在中小学幼儿园安全管理中自己的职责和责任,形成全社会学习、宣传和落实《办法》的良好氛围,努力把学校安全管理工作提高到一个新水平,齐心协力为未成年人的健康成长擎起一片安全的天空。

第一节　中小学校园环境管理的暂行规定
（1992 年 6 月 10 日颁布并实施）

　　为加强校园环境的管理,保障学校和教职工、学生的合法权益,保证学校教育教学活动的正常进行,国家教委在 1992 年制定了《中小学校园环境管理的暂行规定》,内容如下。

　　第一条　为加强中小学校校园环境的管理,创设良好育人环境,保障学校和教职工、学生的合法权益,保证学校教育教学活动的正常进行,特制定本规定。

第二条　本规定适用于全日制普通中学、小学校内环境及所处周围环境的管理。

第三条　学校是教职工和学生工作、学习、生活的主要场所，应做到环境整洁优美，风气积极向上，设施完好，秩序正常，成为社会主义精神文明建设的阵地。

第四条　在学校创设良好的育人环境，建立正常的教育教学秩序，维护教职工和学生的合法权益，是校长工作的重要职责。校长应该负责将校园环境建设列入工作计划，采取措施，组织实施。

上级教育行政部门应将学校校园环境的管理状况列为对校长工作考核的一项重要内容。

第五条　校园内教学区、体育活动区、生活区和生产劳动区等布局应合理，避免相互干扰。学校校舍应坚固、适用，并按有关规定加强管理和维修，学校校园要绿化、美化。

第六条　学校要形成方向正确、健康文明、积极向上的校风。

教师要模范执行《中小学教师职业道德规范》，言行一致，以身作则，为人师表。

学校要严格按照中、小学生日常行为规范要求和训练学生。

第七条　校长要严格按照国家颁布的教学计划，建立正常的教育教学秩序。不经批准，不允许任何单位或个人组织学生停课参加社会活动。

第八条　要严格执行中小学升降国旗制度。

国旗要合乎规定，无破损、无污迹、旗杆直立，位置适宜。

第九条　学校要按规定悬挂领袖像，张贴中华人民共和国地图和世界地图，张贴中、小学生日常行为规范和守则，并积极创造条件设置板报、阅报栏、供展览用橱窗，开辟图书室、阅览室、团队活动室和教育展览室。

第十条　不允许任何单位或个人在学校中进行宗教活动，不允许在学校向学生宣传宗教。

第十一条　严禁宣传暴力、凶杀、色情、恐怖、迷信的图书报刊、音像制品在学校中传播。坚决抵制赌博、酗酒、不健康的歌曲和封建迷信活动对学生的影响。

第十二条　不允许任何单位或个人在校园内从事以师生为消费对象的盈利性活动。

第十三条　学校要建立安全教育制度。在教学设施,饮水饮食,取暖、用电,开展体育、劳动和其他集体活动等方面采取安全防范措施,保证师生安全。

学校要建立安全保卫制度。财务、档案、食堂、宿舍、各类专用教室、传达室等部门和场所要指定人员负责,建立岗位责任制,严格管理。节假日要安排人员值班、护校。

非学校人员未经许可不得进入学校。非学校及学校人员的车辆未经允许不得进入或穿行学校。经许可进入学校的车辆要按规定路线行驶,不得影响学校教育教学活动。

第十四条　学校要按照有关规定,建立公共卫生制度。

校园要整洁、有序。宿舍空气流通,被褥干净,物件安置有序。食堂卫生符合国家有关规定。厕所的设置应符合国家标准,保持清洁。要严格执行《中华人民共和国传染病防治法》,预防传染病在校园内传播。

第十五条　不允许任何单位或个人依傍学校围墙或房墙构筑建筑物。

不允许校园周围的建筑影响学校教室采光、通风。对已经造成影响的,应要求有关单位或个人按当地政府有关部门规定的限期治理。

不允许任何单位或个人在学校周围从事有毒、有害的污染(包括噪声)环境的生产经营活动,或设立精神病院、传染病医院。对已经造成危害和影响的,应要求其按当地政府有关部门规定的限期治理或搬迁。

第十六条　执行文化部、公安部的规定,不允许任何单位或个人在学校门前200米半径内设置台球、电子游戏机营业点。不允许在学校门前和两侧设置集贸市场、停车场,摆摊设点,堆放杂物。

第十七条　不允许任何单位或个人在学校所属地域内放牧、种植作物、打场、堆物、取土、采石。严禁在校园内建造、恢复祠堂、庙宇、坟茔等。

第十八条　违反本规定的,应依具体情况,按以下办法对有关责任人员进行处理:

第一章　校园安全之政策法规篇

（一）属学校行政管理不当的，当地教育行政部门应令其限期改正；工作中发生错误，造成一定影响的，当地教育行政部门应对校长及其他责任人员进行批评教育；因工作失职、渎职造成后果者，当地教育行政部门或上级主管部门应追究其行政责任，后果严重的，提请政法部门依法追究刑事责任。

（二）属工商管理范畴的，提请当地工商行政管理部门依有关法规处理。

（三）属民事范畴的，提请当地司法部门依法处理。

（四）属违反治安管理处罚条例的，报请当地公安部门依法处理。

（五）对构成犯罪的，交由政法部门追究刑事责任。

第十九条　认真执行和维护本规定成绩显著的单位或个人，由当地人民政府和教育行政部门予以表彰和奖励。

第二十条　本规定自公布之日起施行。

第二节　中小学幼儿园安全管理办法
（中华人民共和国教育部 23 号令 2006 年 9 月 1 日施行）

第一章　总则

第一条　为加强中小学、幼儿园安全管理，保障学校及其学生和教职工的人身、财产安全，维护中小学、幼儿园正常的教育教学秩序，根据《中华人民共和国教育法》等法律法规，制定本办法。

第二条　普通中小学、中等职业学校、幼儿园（班）、特殊教育学校、工读学校（以下统称学校）的安全管理适用本办法。

第三条　学校安全管理遵循积极预防、依法管理、社会参与、各负其责的方针。

第四条　学校安全管理工作主要包括：

（一）构建学校安全工作保障体系，全面落实安全工作责任制和事故责任追究制，保障学校安全工作规范、有序进行；

（二）健全学校安全预警机制，制定突发事件应急预案，完善事故预防措施，及时排除安全隐患，不断提高学校安全工作管理水平；

（三）建立校园周边整治协调工作机制，维护校园及周边环境安全；

（四）加强安全宣传教育培训，提高师生安全意识和防护能力；

（五）事故发生后启动应急预案、对伤亡人员实施救治和责任追究等。

第五条　各级教育、公安、司法、行政、建设、交通、文化、卫生、工商、质检、新闻出版等部门在本级人民政府的领导下，依法履行学校周边治理和学校安全的监督与管理职责。

学校应当按照本办法履行安全管理和安全教育职责。社会团体、企业事业单位、其他社会组织和个人应当积极参与和支持学校安全工作，依法维护学校安全。

第二章　安全管理职责

第六条　地方各级人民政府及其教育、公安、司法、行政、建设、交通、文化、卫生、工商、质检、新闻出版等部门应当按照职责分工，依法负责学校安全工作，履行学校安全管理职责。

第七条　教育行政部门对学校安全工作履行下列职责：

（一）全面掌握学校安全工作状况，制定学校安全工作考核目标，加强对学校安全工作的检查指导，督促学校建立健全并落实安全管理制度；

（二）建立安全工作责任制和事故责任追究制，及时消除安全隐患，指导学校妥善处理学生伤害事故；

（三）及时了解学校安全教育情况，组织学校有针对性地开展学生安全教育，不断提高教育实效；

（四）制定校园安全的应急预案，指导、监督下级教育行政部门和学校开展安全工作；

（五）协调政府其他相关职能部门共同做好学校安全管理工作，协助当地人民政府组织对学校安全事故的救援和调查处理。

教育督导机构应当组织学校安全工作的专项督导。

第八条　公安机关对学校安全工作履行下列职责：

（一）了解掌握学校及周边治安状况，指导学校做好校园保卫工作，及时依法查处扰乱校园秩序、侵害师生人身、财产安全的案件；

（二）指导和监督学校做好消防安全工作；

（三）协助学校处理校园突发事件。

第九条　卫生部门对学校安全工作履行下列职责：

（一）检查、指导学校卫生防疫和卫生保健工作，落实疾病预防控制措施；

（二）监督、检查学校食堂、学校饮用水和游泳池的卫生状况。

第十条　建设部门对学校安全工作履行下列职责：

（一）加强对学校建筑、燃气设施设备安全状况的监管，发现安全事故隐患的，应当依法责令立即排除；

（二）指导校舍安全检查鉴定工作；

（三）加强对学校工程建设各环节的监督管理，发现校舍、楼梯护栏及其他教学、生活设施违反工程建设强制性标准的，应责令纠正；

（四）依法督促学校定期检验、维修和更新学校相关设施设备。

第十一条　质量技术监督部门应当定期检查学校特种设备及相关设施的安全状况。

第十二条　公安、卫生、交通、建设等部门应当定期向教育行政部门和学校通报与学校安全管理相关的社会治安、疾病防治、交通等情况，提出具体预防要求。

第十三条　文化、新闻出版、工商等部门应当对校园周边的有关经营服务场所加强管理和监督，依法查处违法经营者，维护有利于青少年成长的良好环境。

司法行政、公安等部门应当按照有关规定履行学校安全教育职责。

第十四条　举办学校的地方人民政府、企业事业组织、社会团体和公民个人，应当对学校安全工作履行下列职责：

（一）保证学校符合基本办学标准，保证学校围墙、校舍、场地、教学设施、教学用具、生活设施和饮用水源等办学条件符合国家安全质量标准；

（二）配置紧急照明装置和消防设施与器材，保证学校教学楼、图书馆、实验室、师生宿舍等场所的照明、消防条件符合国家安全规定；

（三）定期对校舍安全进行检查，对需要维修的，及时予以维修；对确认的危房，及时予以改造。

举办学校的地方人民政府应当依法维护学校周边秩序，保障师生和学校的合法权益，为学校提供安全保障。有条件的，学校举办者应当为学校购买责任保险。

第三章　校内安全管理制度

第十五条　学校应当遵守有关安全工作的法律、法规和规章，建立健全校内各项安全管理制度和安全应急机制，及时消除隐患，预防发生事故。

第十六条　学校应当建立校内安全工作领导机构，实行校长负责制；应当设立保卫机构，配备专职或者兼职安全保卫人员，明确其安全保卫职责。

第十七条　学校应当健全门卫制度，建立校外人员入校的登记或者验证制度，禁止无关人员和校外机动车入内，禁止将非教学用易燃易爆物品、有毒物品、动物和管制器具等危险物品带入校园。学校门卫应当由专职保安或者其他能够切实履行职责的人员担任。

第十八条　学校应当建立校内安全定期检查制度和危房报告制度，按照国家有关规定安排对学校建筑物、构筑物、设备、设施进行安全检查、检验；发现存在安全隐患的，应当停止使用，及时维修或者更换；维修、更换前应当采取必要的防护措施或者设置警示标志。学校无力解决或者无法排除的重大安全隐患，应当及时书面报告主管部门和其他相关部门。

学校应当在校内高地、水池、楼梯等易发生危险的地方设置警示标志或者采取防护设施。

第十九条　学校应当落实消防安全制度和消防工作责任制，对于政府保障配备的消防设施和器材加强日常维护，保证其能够有效使用，并设置消防安全标志，保证疏散通道、安全出口和消防车通道畅通。

第二十条　学校应当建立用水、用电、用气等相关设施设备的安全管理制度，定期进行检查或者按照规定接受有关主管部门的定期检查，发现老化或者损毁的，及时进行维修或者更换。

第二十一条　学校应当严格执行《学校食堂与学生集体用餐卫生管理规定》、《餐饮业和学生集体用餐配送单位卫生规范》，严格遵守卫生操作规范。

建立食堂物资定点采购和索证、登记制度与饭菜留验和记录制度，检查饮用水的卫生安全状况，保障师生饮食卫生安全。

第二十二条　学校应当建立实验室安全管理制度，并将安全管理制度和操作规程置于实验室显著位置。

学校应当严格建立危险化学品、放射物质的购买、保管、使用、登记、注销等制度，保证将危险化学品、放射物质存放在安全地点。

第二十三条　学校应当按照国家有关规定配备具有从业资格的专职医务（保健）人员或者兼职卫生保健教师，购置必需的急救器材和药品，保障对学生常见病的治疗，并负责学校传染病疫情及其他突发公共卫生事件的报告。有条件的学校，应当设立卫生（保健）室。

新生入学应当提交体检证明。托幼机构与小学在入托、入学时应当查验预防接种证。学校应当建立学生健康档案，组织学生定期体检。

第二十四条　学校应当建立学生安全信息通报制度，将学校规定的学生到校和放学时间、学生非正常缺席或者擅自离校情况，以及学生身体和心理的异常状况等关系学生安全的信息，及时告知其监护人。

对有特异体质、特定疾病或者其他生理、心理状况异常以及有吸毒行为的学生，学校应当做好安全信息记录，妥善保管学生的健康与安全信息资料，依法保护学生的个人隐私。

第二十五条　有寄宿生的学校应当建立住宿学生安全管理制度，配备专人负责住宿学生的生活管理和安全保卫工作。

学校应当对学生宿舍实行夜间巡查、值班制度，并针对女生宿舍安全工作的特点，加强对女生宿舍的安全管理。

学校应当采取有效措施，保证学生宿舍的消防安全。

第二十六条　学校购买或者租用机动车专门用于接送学生的，应当建立车辆管理制度，并及时到公安机关交通管理部门备案。接送学生的车辆必须检验合格，并定期维护和检测。

接送学生专用校车应当粘贴统一标志。标志样式由省级公安机关交通管理部门和教育行政部门制定。

学校不得租用拼装车、报废车和个人机动车接送学生。接送学生的机动车驾驶员应当身体健康,具备相应准驾车型 3 年以上安全驾驶经历,最近 3 年内任一记分周期没有记满 12 分记录,无致人伤亡的交通责任事故。

第二十七条　学校应当建立安全工作档案,记录日常安全工作、安全责任落实、安全检查、安全隐患消除等情况。

安全档案作为实施安全工作目标考核、责任追究和事故处理的重要依据。

第四章　日常安全管理

第二十八条　学校在日常的教育教学活动中应当遵循教学规范,落实安全管理要求,合理预见、积极防范可能发生的风险。

学校组织学生参加的集体劳动、教学实习或者社会实践活动,应当符合学生的心理、生理特点和身体健康状况。

学校以及接受学生参加教育教学活动的单位必须采取有效措施,为学生活动提供安全保障。

第二十九条　学校组织学生参加大型集体活动,应当采取下列安全措施:

(一)成立临时的安全管理组织机构;

(二)有针对性地对学生进行安全教育;

(三)安排必要的管理人员,明确所负担的安全职责;

(四)制定安全应急预案,配备相应设施。

第三十条　学校应当按照《学校体育工作条例》和教学计划组织体育教学和体育活动,并根据教学要求采取必要的保护和帮助措施。

学校组织学生开展体育活动,应当避开主要街道和交通要道;开展大型体育活动以及其他大型学生活动,必须经过主要街道和交通要道的,应当事先与公安机关交通管理部门共同研究并落实安全措施。

第三十一条　小学、幼儿园应当建立低年级学生、幼儿上下学时接送的交接制度,不得将晚离学校的低年级学生、幼儿交与无关人员。

第三十二条　学生在教学楼进行教学活动和晚自习时,学校应当合理安排学生疏散时间和楼道上下顺序,同时安排人员巡查,防止发生拥挤踩踏伤害事故。

晚自习学生没有离校之前，学校应当有负责人和教师值班、巡查。

第三十三条　学校不得组织学生参加抢险等应当由专业人员或者成人从事的活动，不得组织学生参与制作烟花爆竹、有毒化学品等具有危险性的活动，不得组织学生参加商业性活动。

第三十四条　学校不得将场地出租给他人从事易燃、易爆、有毒、有害等危险品的生产、经营活动。

学校不得出租校园内场地停放校外机动车辆；不得利用学校用地建设对社会开放的停车场。

第三十五条　学校教职工应当符合相应任职资格和条件要求。学校不得聘用因故意犯罪而受到刑事处罚的人，或者有精神病史的人担任教职工。

学校教师应当遵守职业道德规范和工作纪律，不得侮辱、殴打、体罚或者变相体罚学生；发现学生行为具有危险性的，应当及时告诫、制止，并与学生监护人沟通。

第三十六条　学生在校学习和生活期间，应当遵守学校纪律和规章制度，服从学校的安全教育和管理，不得从事危及自身或者他人安全的活动。

第三十七条　监护人发现被监护人有特异体质、特定疾病或者异常心理状况的，应当及时告知学校。

学校对已知的有特异体质、特定疾病或者异常心理状况的学生，应当给予适当关注和照顾。生理、心理状况异常不宜在校学习的学生，应当休学，由监护人安排治疗、休养。

第五章　安全教育

第三十八条　学校应当按照国家课程标准和地方课程设置要求，将安全教育纳入教学内容，对学生开展安全教育，培养学生的安全意识，提高学生的自我防护能力。

第三十九条　学校应当在开学初、放假前，有针对性地对学生集中开展安全教育。新生入校后，学校应当帮助学生及时了解相关的学校安全制度和安全规定。

第四十条　学校应当针对不同课程实验课的特点与要求，对学生进行实验用品的防毒、防爆、防辐射、防污染等的安全防护教育。

学校应当对学生进行用水、用电的安全教育，对寄宿学生进行防火、防盗和人身防护等方面的安全教育。

第四十一条　学校应当对学生开展安全防范教育，使学生掌握基本的自我保护技能，应对不法侵害。

学校应当对学生开展交通安全教育，使学生掌握基本的交通规则和行为规范。

学校应当对学生开展消防安全教育，有条件的可以组织学生到当地消防站参观和体验，使学生掌握基本的消防安全知识，提高防火意识和逃生自救的能力。

学校应当根据当地实际情况，有针对性地对学生开展到江河湖海、水库等地方戏水、游泳的安全卫生教育。

第四十二条　学校可根据当地实际情况，组织师生开展多种形式的事故预防演练。

学校应当每学期至少开展一次针对洪水、地震、火灾等灾害事故的紧急疏散演练，使师生掌握避险、逃生、自救的方法。

第四十三条　教育行政部门按照有关规定，与人民法院、人民检察院和公安、司法行政等部门以及高等学校协商，选聘优秀的法律工作者担任学校的兼职法制副校长或者法制辅导员。

兼职法制副校长或者法制辅导员应当协助学校检查落实安全制度和安全事故处理、定期对师生进行法制教育等，其工作成果纳入派出单位的工作考核内容。

第四十四条　教育行政部门应当组织负责安全管理的主管人员、学校校长、幼儿园园长和学校负责安全保卫工作的人员，定期接受有关安全管理培训。

第四十五条　学校应当制定教职工安全教育培训计划，通过多种途径和方法，使教职工熟悉安全规章制度、掌握安全救护常识，学会指导学生预防事故、自救、逃生、紧急避险的方法和手段。

第四十六条　学生监护人应当与学校互相配合，在日常生活中加强对被监护人的各项安全教育。

学校鼓励和提倡监护人自愿为学生购买意外伤害保险。

第六章　校园周边安全管理

第四十七条　教育、公安、司法行政、建设、交通、文化、卫生、工商、质检、新闻出版等部门应当建立联席会议制度，定期研究部署学校安全管理工作，依法维护学校周边秩序；通过多种途径和方式，听取学校和社会各界关于学校安全管理工作的意见和建议。

第四十八条　建设、公安等部门应当加强对学校周边建设工程的执法检查，禁止任何单位或者个人违反有关法律、法规、规章、标准，在学校围墙或者建筑物边建设工程，在校园周边设立易燃易爆、剧毒、放射性、腐蚀性等危险物品的生产、经营、储存、使用场所或者设施以及其他可能影响学校安全的场所或者设施。

第四十九条　公安机关应当把学校周边地区作为重点治安巡逻区域，在治安情况复杂的学校周边地区增设治安岗亭和报警点，及时发现和消除各类安全隐患，处置扰乱学校秩序和侵害学生人身、财产安全的违法犯罪行为。

第五十条　公安、建设和交通部门应当依法在学校门前道路设置规范的交通警示标志，施划人行横线，根据需要设置交通信号灯、减速带、过街天桥等设施。

在地处交通复杂路段的学校上下学时间，公安机关应当根据需要部署警力或者交通协管人员维护道路交通秩序。

第五十一条　公安机关和交通部门应当依法加强对农村地区交通工具的监督管理，禁止没有资质的车船搭载学生。

第五十二条　文化部门依法禁止在中学、小学校园周围 200 米范围内设立互联网上网服务营业场所，并依法查处接纳未成年人进入的互联网上网服务营业场所。工商行政管理部门依法查处取缔擅自设立的互联网上网服务营业场所。

第五十三条　新闻出版、公安、工商行政管理等部门应当依法取缔学校周边兜售非法出版物的游商和无证照摊点，查处学校周边制售含有淫秽色情、凶杀暴力等内容的出版物的单位和个人。

第五十四条　卫生、工商行政管理部门应当对校园周边饮食单位的卫生状况进行监督，取缔非法经营的小卖部、饮食摊点。

第七章　安全事故处理

第五十五条　在发生地震、洪水、泥石流、台风等自然灾害和重大治安、公共卫生突发事件时，教育等部门应当立即启动应急预案，及时转移、疏散学生，或者采取其他必要防护措施，保障学校安全和师生人身、财产安全。

第五十六条　校园内发生火灾、食物中毒、重大治安等突发安全事故以及自然灾害时，学校应当启动应急预案，及时组织教职工参与抢险、救助和防护，保障学生身体健康和人身、财产安全。

第五十七条　发生学生伤亡事故时，学校应当按照《学生伤害事故处理办法》规定的原则和程序等，及时实施救助，并进行妥善处理。

第五十八条　发生教职工和学生伤亡等安全事故的，学校应当及时报告主管教育行政部门和政府有关部门；属于重大事故的，教育行政部门应当按照有关规定及时逐级上报。

第五十九条　省级教育行政部门应当在每年1月31日前向国务院教育行政部门书面报告上一年度学校安全工作和学生伤亡事故情况。

第八章　奖励与责任

第六十条　教育、公安、司法行政、建设、交通、文化、卫生、工商、质检、新闻出版等部门，对在学校安全工作中成绩显著或者做出突出贡献的单位和个人，应当视情况联合或者分别给予表彰、奖励。

第六十一条　教育、公安、司法行政、建设、交通、文化、卫生、工商、质检、新闻出版等部门，不依法履行学校安全监督与管理职责的，由上级部门给予批评；对直接责任人员由上级部门和所在单位视情节轻重，给予批评教育或者行政处分；构成犯罪的，依法追究刑事责任。

第六十二条　学校不履行安全管理和安全教育职责，对重大安全隐患未及时采取措施的，有关主管部门应当责令其限期改正；拒不改正或者有下列情形之一的，教育行政部门应当对学校负责人和其他直接责任人员给予行政处

第一章　校园安全之政策法规篇

分；构成犯罪的，依法追究刑事责任：

（一）发生重大安全事故、造成学生和教职工伤亡的；

（二）发生事故后未及时采取适当措施、造成严重后果的；

（三）瞒报、谎报或者缓报重大事故的；

（四）妨碍事故调查或者提供虚假情况的；

（五）拒绝或者不配合有关部门依法实施安全监督管理职责的。

《中华人民共和国民办教育促进法》及其实施条例另有规定的，依其规定执行。

第六十三条　校外单位或者人员违反治安管理规定、引发学校安全事故的，或者在学校安全事故处理过程中，扰乱学校正常教育教学秩序、违反治安管理规定的，由公安机关依法处理；构成犯罪的，依法追究其刑事责任；造成学校财产损失的，依法承担赔偿责任。

第六十四条　学生人身伤害事故的赔偿，依据有关法律法规、国家有关规定以及《学生伤害事故处理办法》处理。

第九章　附则

第六十五条　中等职业学校学生实习劳动的安全管理办法另行制定。

第六十六条　本办法自 2006 年 9 月 1 日起施行。

第三节 中小学公共安全教育指导纲要
（国务院办公厅 9 号 2007 年 2 月 25 日实施）

为进一步加强中小学公共安全教育，培养中小学生的公共安全意识，提高中小学生面临突发安全事件自救自护的应变能力，根据义务教育法、未成年人保护法、《国家突发公共事件总体应急预案》及《中小学幼儿园安全管理办法》、《教育系统突发公共事件应急预案》，特制定本纲要。

一、指导思想、目标和基本原则

（一）必须坚持以邓小平理论和"三个代表"重要思想为指导，树立和落实科学发展观，坚持以人为本，把中小学公共安全教育贯穿于学校教育的各个环节，使广大中小学生牢固树立"珍爱生命，安全第一，遵纪守法，和谐共处"的意识，具备自救自护的素养和能力。

（二）通过开展公共安全教育，培养学生的社会安全责任感，使学生逐步形成安全意识，掌握必要的安全行为的知识和技能，了解相关的法律法规常识，养成在日常生活和突发安全事件中正确应对的习惯，最大限度地预防安全事故发生和减少安全事件对中小学生造成的伤害，保障中小学生健康成长。

（三）中小学公共安全教育要遵循学生身心发展规律，把握学生认知特点，注重实践性、实用性和实效性。坚持专门课程与在其他学科教学中的渗透相结合；课堂教育与实践活动相结合；知识教育与强化管理、培养习惯相结合；学校教育与家庭、社会教育相结合；国家统一要求与地方结合实际积极探索相结合；自救自护与力所能及地帮助他人相结合。做到由浅入深，循序渐进，不断强化，养成习惯。

二、主要内容

（一）公共安全教育的主要内容包括预防和应对社会安全、公共卫生、意外伤害、网络、信息安全、自然灾害以及影响学生安全的其他事故或事件六个模块。重点是帮助和引导学生了解基本的保护个体生命安全和维护社会公共安全的知识和法律法规，树立和强化安全意识，正确处理个体生命与自我、他人、社会和自然之间的关系，了解保障安全的方法并掌握一定的技能。中小学心理健康教育继续遵照教育部已经规定的相关要求实施。

（二）开展公共安全教育必须因地制宜，科学规划，做到分阶段、分模块循序渐进地设置具体教育内容。要把不同学段的公共安全教育内容有机地整合起来，统筹安排。对不同学段各个模块的具体教学内容设置，各地可以根据地区和学生的实际情况加以选择。

1. 小学 1–3 年级的教育内容重点为：

模块一：预防和应对社会安全类事故。

（1）了解社会安全类突发事故的危险和危害。

（2）了解并遵守各种公共场所活动的安全常识。

（3）认识与陌生人交往中应当注意的安全问题，逐步形成基本的自我保护意识。

模块二：预防和应对公共卫生事故。

（1）了解基本公共卫生和饮食卫生常识。

（2）了解常见的肠道和呼吸道等常见疾病的预防常识，养成良好的个人卫生和健康行为及饮食习惯。

模块三：预防和应对意外伤害事故。

（1）学习道路交通法的相关内容，了解出行时道路交通安全常识。

（2）初步识别各种危险标志；学习家用电器、煤气（柴火）、刀具等日常用品的安全使用方法。

（3）初步具备使用电梯、索道、游乐设施等特种设备的安全意识。

（4）初步学会在事故灾害事件中自我保护和求助、求生的简单技能。学会正确使用和拨打110、119、120电话。

模块四：预防和应对自然灾害。

（1）了解学校所在地区和生活环境中可能发生的自然灾害及其危险性。

（2）学习躲避自然灾害引发危险的简单方法，初步学会在自然灾害发生时的自我保护和求助及逃生的简单技能。

模块五：预防和应对影响学生安全的其他事件。

（1）与同学、老师友好相处，不打架；初步形成避免在活动、游戏中造成误伤的意识。

（2）学习当发生突发事件时听从成人安排或者利用现有条件有效地保护自己的方法。

2. 小学 4-6 年级的教育内容重点为：

模块一：预防和应对社会安全类事故或事件。

（1）认识社会安全类突发事故或事件的危害和范围，不参与影响和危害社会安全的活动。

（2）自觉遵守社会生活中人际交往的基本规则以及公共场所的安全规范。

（3）学会应对可疑陌生人的方法，提高自我防范意识。

（4）了解应对敲诈、恐吓、性侵害的一般方法，提高自我保护能力。

模块二：预防和应对公共卫生事故。

（1）加强卫生和饮食常识学习，形成良好的个人卫生和健康的饮食习惯。

（2）了解常见病和传染病的危害、传播途径和预防措施。

（3）初步了解吸烟、酗酒等不良习惯的危害，知道吸毒是违法行为，逐步形成远离烟酒及毒品的健康生活意识。

（4）初步了解青春期发育基础知识，形成明确的性别意识和自我保护意识。

模块三：预防和应对意外伤害事故。

（1）培养遵守交通规则的良好习惯，形成主动避让车辆的意识。

（2）提高自我保护意识，了解私自到野外游泳、滑冰等活动的危害；学习预防和处理溺水、烫烧伤、动物咬伤、异物进气管等意外伤害的基本常识和方法。

（3）形成对存在危险隐患的设施与区域的防范意识，了解与学习和生活密切相关的特种设备安全知识。

（4）学会有效躲避事故灾害的常用方法和在事故灾害发生时的自我保护和求助及逃生的基本技能。

（5）使学生初步了解与学生意外伤害有关的基本保险知识，提高学生的保险意识。

模块四：预防和应对网络、信息安全事故。

（1）初步认识网络资源的积极意义和了解网络不良信息的危害。

（2）初步学会合理使用网络资源，努力增强对各种信息的辨别能力。

（3）学会控制自己的行为，防止沉迷网络游戏和其他电子游戏。

模块五：预防和应对自然灾害。

（1）了解影响家乡生态环境的常见问题，形成保护自然环境和躲避自然灾害的意识。

（2）学会躲避自然灾害引发危险的基本方法。

（3）掌握突发自然灾害预警信号级别含义及相应采取的防范措施。

模块六：预防和应对影响学生安全的其他事件。

（1）形成和解同学之间纠纷的意识。

（2）形成在遇到危及自身安全时及时向教师、家长、警察求助的意识。

3.初中年级的教育内容重点为：

模块一：预防和应对社会安全类事故或事件。

（1）增强自律意识，自觉不进入未成年人不宜进入的场所。逐步养成自觉遵守与维护公共场所秩序的习惯。

（2）不参加影响和危害社会安全的活动，形成社会责任意识。

（3）理解社会安全的重要意义，树立正确的人生观和价值观。

（4）学会应对敲诈、恐吓、性侵害等突发事件的基本技能。

模块二：预防和应对公共卫生事故。

（1）了解重大传染病和食物中毒、生活水污染的知识及基本的预防、急救、处理常识；了解简单的用药安全知识。

（2）了解青春期常见问题的预防与处理；形成维护生殖健康的责任感。

（3）了解艾滋病的基本常识和预防措施，形成自我保护意识。

（4）学习识别毒品的知识和方法，拒绝毒品和烟酒的诱惑。

（5）了解和分析影响生命与健康的可能因素。

模块三：预防和应对意外伤害事故。

（1）增强自觉遵守交通法规的意识；主动分析出行时存在的安全隐患，寻求解决方法；防止因违章而导致交通事故的发生。

（2）正确使用各种设施，具备防火、防盗、防触电及防煤气中毒的知识技能。

（3）了解和积极预防在校园活动中可能发生的公共安全事故，提高自我保护和求助及逃生的基本技能。

模块四：预防和应对网络、信息安全事故。

（1）自觉遵守与信息活动相关的各种法律法规，抵制网络上各种不良信息的诱惑，提高自我保护和预防违法犯罪的意识。

（2）合理利用网络，学会判断和有效拒绝的技能，避免迷恋网络带来的危害。

模块五：预防和应对自然灾害。

（1）学会冷静应对自然灾害事件，提高在自然灾害事件中自我保护和求助及逃生的基本技能。

（2）了解曾经发生在我国的重大自然灾害，认识人类活动与自然灾害之间的关系，增强环境保护意识和生态意识。

模块六：预防和应对影响学生安全的其他事件。

（1）了解校园暴力造成的危害，学习应对的方法。

（2）学会克服青春期的烦恼，逐步学会调节和控制自己的情绪，抑制自己的冲动行为。

（3）学会在与人交往中有效保护自己的方法，构筑起坚固的自我心理防线。

4.高中年级的教育内容重点为：

模块一：预防和应对社会安全类事故或事件。

（1）自觉遵守与生活紧密相关的各种行为规范。

（2）了解考试泄密、违规的相关法律常识。养成维护考试纪律和规范的良好行为习惯。

（3）自觉抵制影响和危害社会公共安全的活动，提高社会责任感和国家意识。

（4）基本理解国际政治、经济、宗教冲突现象，努力维护国家和社会的稳定与团结。

（5）继承和发扬中华民族传统优秀文化，汲取其他国家文化的精华，抵制不良文化习俗的影响。

模块二：预防和应对公共卫生事故。

（1）基本掌握和简单运用突发公共卫生事件应急的相关技能，进行自救、自护。有报告事件的意识和了解报告的途径和方法。

（2）掌握亚健康的基本知识和预防措施，了解应对心理危机的方法和救助渠道，促进个体身心健康发展。

（3）掌握预防艾滋病的基本知识和措施，正确对待艾滋病毒感染者和患者。

（4）自觉抵制不良生活习惯和行为，具备洁身自好的意识和良好的卫生公德。

第一章 校园安全之政策法规篇

（5）了解有关禁毒的法律常识，拒绝毒品诱惑。

（6）学习健康的异性交往方式，学会用恰当的方法保护自己，预防性侵害。当遭到性骚扰时，要用法律保护自己。

模块三：预防和应对网络、信息安全事故。

（1）树立网络交流中的安全意识，养成良好的利用网络习惯，提高网络道德素养。

（2）树立不利用网络发送有害信息或进行反动、色情、迷信等宣传活动以及窃取国家、教育行政部门和学校保密信息的牢固意识。

模块四：预防和应对自然灾害。

（1）基本掌握在自然灾害中自救的各种技能，学习紧急救护他人的基本技能。

（2）了解有关环境保护的法律法规；能结合当地实际情况，为保护和改善自然环境做贡献。

模块五：预防和应对影响学生安全的其他事件。

（1）自觉抵制校园暴力，维护自己和同学的生命安全。

（2）树立正确的安全道德观念，在关注自身安全的同时，去关注他人的安全，并提供力所能及的援助。

三、实施途径

（一）学校要在学科教学和综合实践活动课程中渗透公共安全教育内容。各科教师在学科教学中要挖掘隐性的公共安全教育内容，与显性的公共安全教育内容一起，与学科教学有机整合，按照要求，予以贯彻落实。小学阶段主要在品德与生活、品德与社会课程中进行。

（二）对无法在其他学科中渗透的公共安全教育内容，可以利用采用多种形式，帮助学生系统掌握公共安全知识和技能。要充分利用班、团、校会、升旗仪式、专题讲座、墙报、板报、参观和演练等方式，采取多种途径和方法全方位、多角度地开展公共安全教育。

（三）公共安全教育可以针对单一主题或多个主题来设计教学活动；通过游戏、实际体验、影片欣赏、角色扮演等活动，也可以运用广播、电视、计算机、网络等现代教育手段进行教学，探索寓教于乐、寓教于丰富多彩活动的教学组织形式，增强公共安全教育的效果。公共安全教育的形式在小学以游戏和模拟为主，初中以活动和体验为主；高中以体验和辨析为主。

学校要建设符合公共安全教育要求的物质环境和人文环境，使学生在潜移默化中提高安全意识，促进学生学习并掌握必要的安全知识和生存技能，认识、感悟安全的意义和价值。

（四）学校要与公安消防、交通、治安以及卫生、地震等部门建立密切联系，聘请有关人员担任校外辅导员，根据学生特点系统协调承担公共安全教育的内容，并且协助学校制订应急疏散预案和组织疏散演习活动。

公共安全教育是学校、家庭和社会的共同责任。学校要采取积极措施帮助家长强化对孩子的公共安全教育意识，指导家长了解和掌握公共安全教育的科学方法，主动寻求家长和社会对公共安全教育的支持和帮助。

四、保障机制

（一）学校要保证公共安全教育的时间，可根据实际情况，结合不同学段的课程方案和本指导纲要的要求，采用课程渗透和利用地方课程时间相结合的方式，确保完成本纲要中规定的教学内容，并要安排必要的时间，开展自救自护和逃生实践演练活动。

（二）各地要加强教学资源建设，积极开发公共安全教育的软件、图文资料、教学课件、音像制品等教学资源。凡进入中小学校的自助读本或相关教育材料必须按有关规定，经审定后方可使用；公共安全教育自助读本或者相关教育材料的购买由各地根据本地实际情况采用多种方式解决，不得向学生收费增加学生负担。大力提倡学校使用公用图书经费统一购买，供学生循环借阅；重视和加强公共安全教育信息网络资源的建设和共享。

（三）各级教育行政部门和学校要重视教师队伍建设，把公共安全教育列入全体在职教师继续教育的培训系列和教师校本培训计划，分层次开展培训工作，不断提高教师开展公共安全教育的水平。

（四）各地要加强教研活动和课题研究，把公共安全教育研究列入当地课题研究规划，保证经费，及时总结、交流和推广研究成果。学校要充分调动教师的积极性，有针对性地开展公共安全教育的校本研究。

（五）要重视对公共安全教育活动的评价和督导。各地教育行政部门要制订科学的公共安全教育评价标准，并将其列入学校督导和校长考核的重要指标之一。评价的重点应注重学生安全意识的建立、基本知识技能的掌握和安全行为的形成，以及学校对公共安全教育活动的安排、必要的资源配置、实施情况以及实际效果。学校要把教师开展公共安全教育的情况作为教师考核的重要依据。

第四节 学生伤害事故处理办法
（教育部令第 12 号 2002 年 6 月 25 日实施）

第一章　总则

第一条　为积极预防、妥善处理在校学生伤害事故，保护学生、学校的合法权益，根据《中华人民共和国教育法》、《中华人民共和国未成年人保护法》和其他相关法律、行政法规及有关规定，制定本办法。

第二条　在学校实施的教育教学活动或者学校组织的校外活动中，以及在学校负有管理责任的校舍、场地、其他教育教学设施、生活设施内发生的，造成在校学生人身损害后果的事故的处理，适用本办法。

第三条　学生伤害事故应当遵循依法、客观公正、合理适当的原则，及时、妥善地处理。

第四条　学校的举办者应当提供符合安全标准的校舍、场地、其他教育教学设施和生活设施。

教育行政部门应当加强学校安全工作，指导学校落实预防学生伤害事故的措施，指导、协助学校妥善处理学生伤害事故，维护学校正常的教育教学秩序。

第五条　学校应当对在校学生进行必要的安全教育和自护自救教育；应当按照规定，建立健全安全制度，采取相应的管理措施，预防和消除教育教学环境中存在的安全隐患；当发生伤害事故时，应当及时采取措施救助受伤害学生。

学校对学生进行安全教育、管理和保护，应当针对学生年龄、认知能力和法律行为能力的不同，采用相应的内容和预防措施。

第六条　学生应当遵守学校的规章制度和纪律；在不同的受教育阶段，应当根据自身的年龄、认知能力和法律行为能力，避免和消除相应的危险。

第七条　未成年学生的父母或者其他监护人（以下称为监护人）应当依法履行监护职责，配合学校对学生进行安全教育、管理和保护工作。

学校对未成年学生不承担监护职责，但法律有规定的或者学校依法接受委托承担相应监护职责的情形除外。

第二章　事故与责任

第八条　发生学生伤害事故，造成学生人身伤害的，学校应当按照《中华人民共和国侵权责任法》及相关法律、法规的规定，承担相应的事故责任。

第九条　因下列情形之一造成的学生伤害事故，学校应当依法承担相应的责任：

（一）学校的校舍、场地、其他公共设施，以及学校提供给学生使用的学具、教育教学和生活设施、设备不符合国家规定的标准，或者有明显不安全因素的；

（二）学校的安全保卫、消防、设施设备管理等安全管理制度有明显疏漏，或者管理混乱，存在重大安全隐患，而未及时采取措施的；

（三）学校向学生提供的药品、食品、饮用水等不符合国家或者行业的有关标准、要求的；

（四）学校组织学生参加教育教学活动或者校外活动，未对学生进行相应的安全教育，并未在可预见的范围内采取必要的安全措施的；

（五）学校知道教师或者其他工作人员患有不适宜担任教育教学工作的疾病，但未采取必要措施的；

（六）学校违反有关规定，组织或者安排未成年学生从事不宜未成年人参加的劳动、体育运动或者其他活动的；

（七）学生有特异体质或者特定疾病，不宜参加某种教育教学活动，学校知道或者应当知道，但未予以必要的注意的；

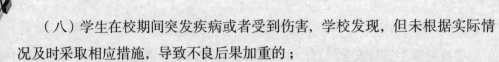

（八）学生在校期间突发疾病或者受到伤害，学校发现，但未根据实际情况及时采取相应措施，导致不良后果加重的；

（九）学校教师或者其他工作人员体罚或者变相体罚学生，或者在履行职责过程中违反工作要求、操作规程、职业道德或者其他有关规定的；

（十）学校教师或者其他工作人员在负有组织、管理未成年学生的职责期间，发现学生行为具有危险性，但未进行必要的管理、告诫或者制止的；

（十一）对未成年学生擅自离校等与学生人身安全直接相关的信息，学校发现或者知道，但未及时告知未成年学生的监护人，导致未成年学生因脱离监护人的保护而发生伤害的；

（十二）学校有未依法履行职责的其他情形的。

第十条　学生或者未成年学生监护人由于过错，有下列情形之一，造成学生伤害事故，应当依法承担相应的责任：

（一）学生违反法律法规的规定，违反社会公共行为准则、学校的规章制度或者纪律，实施按其年龄和认知能力应当知道具有危险或者可能危及他人的行为的；

（二）学生行为具有危险性，学校、教师已经告诫、纠正，但学生不听劝阻、拒不改正的；

（三）学生或者其监护人知道学生有特异体质，或者患有特定疾病，但未告知学校的；

（四）未成年学生的身体状况、行为、情绪等有异常情况，监护人知道或者已被学校告知，但未履行相应监护职责的；

（五）学生或者未成年学生监护人有其他过错的。

第十一条　学校安排学生参加活动，因提供场地、设备、交通工具、食品及其他消费与服务的经营者，或者学校以外的活动组织者的过错造成的学生伤害事故，有过错的当事人应当依法承担相应的责任。

第十二条　因下列情形之一造成的学生伤害事故，学校已履行了相应职责，行为并无不当的，无法律责任：

（一）地震、雷击、台风、洪水等不可抗的自然因素造成的；

（二）来自学校外部的突发性、偶发性侵害造成的；

（三）学生有特异体质、特定疾病或者异常心理状态，学校不知道或者难于知道的；

（四）学生自杀、自伤的；

（五）在对抗性或者具有风险性的体育竞赛活动中发生意外伤害的；

（六）其他意外因素造成的。

第十三条　下列情形下发生的造成学生人身损害后果的事故，学校行为并无不当的，不承担事故责任；事故责任应当按有关法律法规或者其他有关规定认定：

（一）在学生自行上学、放学、返校、离校途中发生的；

（二）在学生自行外出或者擅自离校期间发生的；

（三）在放学后、节假日或者假期等学校工作时间以外，学生自行滞留学校或者自行到校发生的；

（四）其他在学校管理职责范围外发生的。

第十四条　因学校教师或者其他工作人员与其职务无关的个人行为，或者因学生、教师及其他个人故意实施的违法犯罪行为，造成学生人身损害的，由致害人依法承担相应的责任。

第三章　事故处理程序

第十五条　发生学生伤害事故，学校应当及时救助受伤害学生，并应当及时告知未成年学生的监护人；有条件的，应当采取紧急救援等方式救助。

第十六条　发生学生伤害事故，情形严重的，学校应当及时向主管教育行政部门及有关部门报告；属于重大伤亡事故的，教育行政部门应当按照有关规定及时向同级人民政府和上一级教育行政部门报告。

第十七条　学校的主管教育行政部门应学校要求或者认为必要，可以指导、协助学校进行事故的处理工作，尽快恢复学校正常的教育教学秩序。

第十八条　发生学生伤害事故，学校与受伤害学生或者学生家长可以通过协商方式解决；双方自愿，可以书面请求主管教育行政部门进行调解。

成年学生或者未成年学生的监护人也可以依法直接提起诉讼。

第一章　校园安全之政策法规篇

第十九条 教育行政部门收到调解申请，认为必要的，可以指定专门人员进行调解，并应当在受理申请之日起 60 日内完成调解。

第二十条 经教育行政部门调解，双方就事故处理达成一致意见的，应当在调解人员的见证下签订调解协议，结束调解；在调解期限内，双方不能达成一致意见，或者调解过程中一方提起诉讼，人民法院已经受理的，应当终止调解。

调解结束或者终止，教育行政部门应当书面通知当事人。

第二十一条 对经调解达成的协议，一方当事人不履行或者反悔的，双方可以依法提起诉讼。

第二十二条 事故处理结束，学校应当将事故处理结果书面报告主管的教育行政部门；重大伤亡事故的处理结果，学校主管的教育行政部门应当向同级人民政府和上一级教育行政部门报告。

第四章 事故损害的赔偿

第二十三条 对发生学生伤害事故负有责任的组织或者个人，应当按照法律法规的有关规定，承担相应的损害赔偿责任。

第二十四条 学生伤害事故赔偿的范围与标准，按照有关行政法规、地方性法规或者最高人民法院司法解释中的有关规定确定。

教育行政部门进行调解时，认为学校有责任的，可以依照有关法律法规及国家有关规定，提出相应的调解方案。

第二十五条 对受伤害学生的伤残程度存在争议的，可以委托当地具有相应鉴定资格的医院或者有关机构，依据国家规定的人体伤残标准进行鉴定。

第二十六条 学校对学生伤害事故负有责任的，根据责任大小，适当予以经济赔偿，但不承担解决户口、住房、就业等与救助受伤害学生、赔偿相应经济损失无直接关系的其他事项。

学校无责任的，如果有条件，可以根据实际情况，本着自愿和可能的原则，对受伤害学生给予适当的帮助。

第二十七条 因学校教师或者其他工作人员在履行职务中的故意或者重大过失造成的学生伤害事故，学校予以赔偿后，可以向有关责任人员追偿。

第二十八条　未成年学生对学生伤害事故负有责任的，由其监护人依法承担相应的赔偿责任。

学生的行为侵害学校教师及其他工作人员以及其他组织、个人的合法权益，造成损失的，成年学生或者未成年学生的监护人应当依法予以赔偿。

第二十九条　根据双方达成的协议、经调解形成的协议或者人民法院的生效判决，应当由学校负担的赔偿金，学校应当负责筹措；学校无力完全筹措的，由学校的主管部门或者举办者协助筹措。

第三十条　县级以上人民政府教育行政部门或者学校举办者有条件的，可以通过设立学生伤害赔偿准备金等多种形式，依法筹措伤害赔偿金。

第三十一条　学校有条件的，应当依据保险法的有关规定，参加学校责任保险。

教育行政部门可以根据实际情况，鼓励中小学参加学校责任保险。

提倡学生自愿参加意外伤害保险。在尊重学生意愿的前提下，学校可以为学生参加意外伤害保险创造便利条件，但不得从中收取任何费用。

第五章　事故责任者的处理

第三十二条　发生学生伤害事故，学校负有责任且情节严重的，教育行政部门应当根据有关规定，对学校的直接负责的主管人员和其他直接责任人员，分别给予相应的行政处分；有关责任人的行为触犯刑律的，应当移送司法机关依法追究刑事责任。

第三十三条　学校管理混乱，存在重大安全隐患的，主管的教育行政部门或者其他有关部门应当责令其限期整顿；对情节严重或者拒不改正的，应当依据法律法规的有关规定，给予相应的行政处罚。

第三十四条　教育行政部门未履行相应职责，对学生伤害事故的发生负有责任的，由有关部门对直接负责的主管人员和其他直接责任人员分别给予相应的行政处分；有关责任人的行为触犯刑律的，应当移送司法机关依法追究刑事责任。

第三十五条　违反学校纪律，对造成学生伤害事故负有责任的学生，学校可以给予相应的处分；触犯刑律的，由司法机关依法追究刑事责任。

第一章　校园安全之政策法规篇

第三十六条　受伤害学生的监护人、亲属或者其他有关人员，在事故处理过程中无理取闹，扰乱学校正常教育教学秩序，或者侵犯学校、学校教师或者其他工作人员的合法权益的，学校应当报告公安机关依法处理；造成损失的，可以依法要求赔偿。

第六章　附则

第三十七条　本办法所称学校，是指国家或者社会力量举办的全日制的中小学（含特殊教育学校）、各类中等职业学校、高等学校。

本办法所称学生是指在上述学校中全日制就读的受教育者。

第三十八条　幼儿园发生的幼儿伤害事故，应当根据幼儿为完全无行为能力人的特点，参照本办法处理。

第三十九条　其他教育机构发生的学生伤害事故，参照本办法处理。

在学校注册的其他受教育者在学校管理范围内发生的伤害事故，参照本办法处理。

第四十条　本办法自 2002 年 9 月 1 日起实施，原国家教委、教育部颁布的与学生人身安全事故处理有关的规定，与本办法不符的，以本办法为准。

在本办法实施之前已处理完毕的学生伤害事故不再重新处理。

第五节　学校食堂与学生集体用餐卫生管理规定
（教育部卫生部第 14 号自 2002 年 11 月 1 日起施行）

第一章　总则

第一条　为防止学校食物中毒或者其他食源性疾患事故的发生，保障师生员工身体健康，根据《食品卫生法》和《学校卫生工作条例》，制定本规定。

第二条　本规定适用于各级各类全日制学校以及幼儿园。

第三条　学校食堂与学生集体用餐的卫生管理必须坚持预防为主的工作方针，实行卫生行政部门监督指导、教育行政部门管理督查、学校具体实施的工作原则。

第二章　食堂建筑、设备与环境卫生要求

第四条　食堂应当保持内外环境整洁，采取有效措施，消除老鼠、蟑螂、苍蝇和其他有害昆虫及其孳生条件。

第五条　食堂的设施设备布局应当合理，应有相对独立的食品原料存放间、食品加工操作间、食品出售场所及用餐场所。

第六条　食堂加工操作间应当符合下列要求：

（一）最小使用面积不得小于 8 平方米；

（二）墙壁应有 1.5 米以上的瓷砖或其他防水、防潮、可清洗的材料制成的墙裙；

（三）地面应由防水、防滑、无毒、易清洗的材料建造，具有一定坡度，易于清洗与排水；

（四）配备有足够的照明、通风、排烟装置和有效的防蝇、防尘、防鼠，污水排放和符合卫生要求的存放废弃物的设施和设备；

（五）制售冷荤凉菜的普通高等学校食堂必须有凉菜间，并配有专用冷藏、洗涤消毒的设施设备。

第七条　食堂应当有用耐磨损、易清洗的无毒材料制造或建成的餐饮具专用洗刷、消毒池等清洗设施设备。采用化学消毒的，必须具备 2 个以上的水池，并不得与清洗蔬菜、肉类等的设施设备混用。

第八条　餐饮具使用前必须洗净、消毒，符合国家有关卫生标准。未经消毒的餐饮具不得使用。禁止重复使用一次性使用的餐饮具。

消毒后的餐饮具必须贮存在餐饮具专用保洁柜内备用。已消毒和未消毒的餐饮具应分开存放，并在餐饮具贮存柜上有明显标记。餐饮具保洁柜应当定期清洗、保持洁净。

第九条　餐饮具所使用的洗涤、消毒剂必须符合卫生标准或要求。

洗涤、消毒剂必须有固定的存放场所（橱柜），并有明显的标记。

第十条　食堂用餐场所应设置供用餐者洗手、洗餐具的自来水装置。

第三章　食品采购、贮存及加工的卫生要求

第十一条　严格把好食品的采购关。食堂采购员必须到持有卫生许可证

第一章　校园安全之政策法规篇

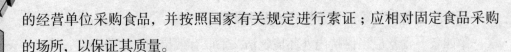

的经营单位采购食品，并按照国家有关规定进行索证；应相对固定食品采购的场所，以保证其质量。

禁止采购以下食品：

（一）腐败变质、油脂酸败、霉变、生虫、污秽不洁、混有异物或者其他感官性状异常，含有毒有害物质或者被有毒、有害物质污染，可能对人体健康有害的食品；

（二）未经兽医卫生检验或者检验不合格的肉类及其制品；

（三）超过保质期限或不符合食品标签规定的定型包装食品；

（四）其他不符合食品卫生标准和要求的食品。

第十二条 学校分管学生集体用餐的订购人员在订餐时，应确认生产经营者的卫生许可证上注有"送餐"或"学生营养餐"的许可项目，不得向未经许可的生产经营者订餐。

学生集体用餐必须当餐加工，不得订购隔餐的剩余食品，不得订购冷荤凉菜食品。

严把供餐卫生质量关，要按照订餐要求对供餐单位提供的食品进行验收。

第十三条 食品贮存应当分类、分架、隔墙、离地存放，定期检查、及时处理变质或超过保质期限的食品。

食品贮存场所禁止存放有毒、有害物品及个人生活物品。

用于保存食品的冷藏设备，必须贴有标志，生食品、半成品和熟食品应分柜存放。

第十四条 用于原料、半成品、成品的刀、墩、板、桶、盆、筐、抹布以及其他工具、容器必须标志明显，做到分开使用，定位存放，用后洗净，保持清洁。

第十五条 食堂炊事员必须采用新鲜洁净的原料制作食品，不得加工或使用腐败变质和感官性状异常的食品及其原料。

第十六条 加工食品必须做到熟透，需要熟制加工的大块食品，其中心温度不低于 70 ℃。

加工后的熟制品应当与食品原料或半成品分开存放，半成品应当与食品原料分开存放，防止交叉污染。食品不得接触有毒物、不洁物。

不得向学生出售腐败变质或者感官性状异常，可能影响学生健康的食物。

第十七条　职业学校、普通中等学校、小学、特殊教育学校、幼儿园的食堂不得制售冷荤凉菜。

普通高等学校食堂的凉菜间必须定时进行空气消毒；应有专人加工操作，非凉菜间工作人员不得擅自进入凉菜间；加工凉菜的工用具、容器必须专用，用前必须消毒，用后必须洗净并保持清洁。

每餐的各种凉菜应各取不少于 250 克的样品留置于冷藏设备中保存 24 小时以上，以备查验。

第十八条　食品在烹饪后至出售前一般不超过 2 个小时，若超过 2 个小时存放的，应当在高于 60 ℃或低于 10 ℃的条件下存放。

第十九条　食堂剩余食品必须冷藏，冷藏时间不得超过 24 小时，在确认没有变质的情况下，必须经高温彻底加热后，方可继续出售。

第四章　食堂从业人员卫生要求

第二十条　食堂从业人员、管理人员必须掌握有关食品卫生的基本要求。

第二十一条　食堂从业人员每年必须进行健康检查，新参加工作和临时参加工作的食品生产经营人员都必须进行健康检查，取得健康证明后方可参加工作。

凡患有痢疾、伤寒、病毒性肝炎等消化道疾病(包括病原携带者)，活动性肺结核，化脓性或者渗出性皮肤病以及其他有碍食品卫生的疾病的，不得从事接触直接入口食品的工作。

食堂从业人员及集体餐分餐人员在出现咳嗽、腹泻、发热、呕吐等有碍于食品卫生的病症时，应立即脱离工作岗位，待查明病因、排除有碍食品卫生的病症或治愈后，方可重新上岗。

第二十二条　食堂从业人员应有良好的个人卫生习惯。必须做到：

(一)工作前、处理食品原料后、便后用肥皂及流动清水洗手；接触直接入口食品之前应洗手消毒；

(二)穿戴清洁的工作衣、帽，并把头发置于帽内；

（三）不得留长指甲、涂指甲油、戴戒指加工食品；

（四）不得在食品加工和销售场所内吸烟。

第五章　管理与监督

第二十三条　学校应建立主管校长负责制，并配备专职或者兼职的食品卫生管理人员。

第二十四条　学校应建立健全食品卫生安全管理制度。

食堂实行承包经营时，学校必须把食品卫生安全作为承包合同的重要指标。

第二十五条　学校食堂必须取得卫生行政部门发放的卫生许可证，未取得卫生许可证的学校食堂不得开办；要积极配合、主动接受当地卫生行政部门的卫生监督。

第二十六条　学校食堂应当建立卫生管理规章制度及岗位责任制度，相关的卫生管理条款应在用餐场所公示，接受用餐者的监督。

食堂应建立严格的安全保卫措施，严禁非食堂工作人员随意进入学校食堂的食品加工操作间及食品原料存放间，防止投毒事件的发生，确保学生用餐的卫生与安全。

第二十七条　学校应当对学生加强饮食卫生教育，进行科学引导，劝阻学生不买街头无照（证）商贩出售的盒饭及食品，不食用来历不明的可疑食物。

第二十八条　各级教育行政部门应根据《食品卫生法》和本规定的要求，加强所辖学校的食品卫生工作的行政管理，并将食品卫生安全管理工作作为对学校督导评估的重要内容，在考核学校工作时，应将食品卫生安全工作作为重要的考核指标。

第二十九条　各级教育行政部门应制定食堂管理人员和从业人员的培训计划，并在卫生行政部门的指导下定期组织对所属学校食堂的管理人员和从业人员进行食品卫生知识、职业道德和法制教育的培训。

第三十条　各级教育行政部门及学校所属的卫生保健机构具有对学校食堂及学生集体用餐的业务指导和检查督促的职责，应定期深入学校食堂进行业务指导和检查督促。

第三十一条　各级卫生行政部门应当根据《食品卫生法》的有关规定，加强对学校食堂与学生集体用餐的卫生监督，对食堂采购、贮存、加工、销售中容易造成食物中毒或其他食源性疾患的重要环节应重点进行监督指导。加大卫生许可工作的管理和督查力度，严格执行卫生许可证的发放标准，对卫生质量不稳定和不具备卫生条件的学校食堂一律不予发证。对获得卫生许可证的学校食堂要加大监督的力度与频度。

第三十二条　学校应当建立食物中毒或者其他食源性疾患等突发事件的应急处理机制。发生食物中毒或疑似食物中毒事故后，应采取下列措施：

（一）立即停止生产经营活动，并向所在地人民政府、教育行政部门和卫生行政部门报告；

（二）协助卫生机构救治病人；

（三）保留造成食物中毒或者可能导致食物中毒的食品及其原料、工具、设备和现场；

（四）配合卫生行政部门进行调查，按卫生行政部门的要求如实提供有关材料和样品；

（五）落实卫生行政部门要求采取的其他措施，把事态控制在最小范围。

第三十三条　学校必须建立健全食物中毒或者其他食源性疾患的报告制度，发生食物中毒或疑似食物中毒事故应及时报告当地教育行政部门和卫生行政部门。

当地教育行政部门应逐级报告上级教育行政部门。

当地卫生行政部门应当于6小时内上报卫生部，并同时报告同级人民政府和上级卫生行政部门。

第三十四条　要建立学校食品卫生责任追究制度。对违反本规定，玩忽职守、疏于管理，造成学生食物中毒或者其他食源性疾患的学校和责任人，以及造成食物中毒或其他食源性疾患后，隐瞒实情不上报的学校和责任人，由教育行政部门按照有关规定给予通报批评或行政处分。

对不符合卫生许可证发放条件而发放卫生许可证造成食物中毒或其他食源性疾患的责任人，由卫生行政部门按照有关规定给予通报批评或行政处分。

第一章　校园安全之政策法规篇

对违反本规定，造成重大食物中毒事件，情节特别严重的，要依法追究相应责任人的法律责任。

第六章　附则

第三十五条　本规定下列用语含义是：

学生集体用餐：以供学生用餐为目的而配置的膳食和食品，包括学生普通餐、学生营养餐、学生课间餐（牛奶、豆奶、饮料、面点等）、学校举办各类活动时为学生提供的集体饮食等。食堂：学校自办食堂、承包食堂和高校后勤社会化后专门为学生提供就餐服务的实体。食堂从业人员：食堂采购员、食堂炊事员、食堂分餐员、仓库保管员等。

第三十六条　以简单加工学生自带粮食、蔬菜或以为学生热饭为主的规模小的农村学校，其食堂建筑、设备等暂不作为实行本规定的单位对待。但是，其他方面应当符合本规定要求。

第三十七条　学生集体用餐生产经营者的监督管理，按《学生集体用餐卫生监督办法》执行。

第三十八条　本规定自 2002 年 11 月 1 日起实施。

第二章 校园安全之自然灾害篇

由于中小学生自我保护能力差、安全意识薄弱。中学生也像很多成年人一样，总认为糟糕的事情不会发生在自己身上，因此当自然灾害发生时青少年儿童的死伤率是最大的。本章主要介绍几种与学校安全密切相关的自然灾害：风灾、水灾、地震、雷电、雪灾冰冻等。

第一节 风灾、水灾

【案例分析】

案例一

台风"莫拉克"的伤害

2009年8月8日，台风"莫拉克"在台湾登陆，给台湾带来50年未遇的风灾。"莫拉克"引发了洪水和泥石流，共造成全台461人死亡、192人失踪，损失达新台币700多亿元。

案例二

抱树坚持9小时，坚强小江珊终获救

1998年8月1日晚8时30分左右，合镇垸魏家码头处堤段出现强力管涌，浊流以几米高的落差狂泻而入。面对突如其来的灾祸，小女孩江珊的奶奶在被洪水吞没前，奋力把她推到一棵杨树前……机敏的江珊抱住树干，水涨一寸，她往上爬一寸。突然，树被冲倒，小江珊一下子跌入洪水中。求生的本能使她使出全身的力量，仰卧在水中，双手拼命地划动。十几分钟后，她感到头顶碰着了一棵树，迅速翻过身来，以极其敏捷的动作抱住树干，爬了上去。

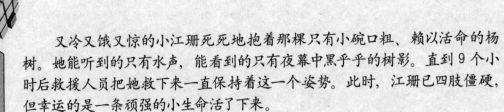

又冷又饿又惊的小江珊死死地抱着那棵只有小碗口粗、赖以活命的杨树。她能听到的只有水声，能看到的只有夜幕中黑乎乎的树影。直到9个小时后救援人员把她救下来一直保持着这一个姿势。此时，江珊已四肢僵硬，但幸运的是一条顽强的小生命活了下来。

一、什么是风灾

（一）风的定义：空气从气压高的地方向气压低的地方流动就会形成"风"。

（二）风的等级划分

1. 风的等级

风力是指风的力量，我们一般将距离地面10m高处的风的速度分为13级，风力的大小与风速大小成正比。

风级是指风力的等级，我们将速度在0.2米/秒以下的风定义为"零级风"，将速度达32.6米/秒及以上的风称为十二级风。具体情况如下：

零级（无风）：静，静烟直上。

一级（轻风）：渔船略觉摇动。烟能表示风的方向，树叶略有摇动。

二级（微风）：渔船张帆时可以随风移动。风速可达2～3米/秒。人的脸感觉有风，草微动，细树枝微动。

三级（和风）：渔船渐觉簸动随风飘摇，每小时可前进5000～6000米。树叶和细树枝摇动不止，旗子随风展开。

四级（劲风）：渔船满帆时，船身向一侧倾斜。能吹起地面上的灰尘和纸张，小树枝随风摇动。

五级（强风）：渔船缩帆（即收去帆的一部分），内陆水面起水波。

六级（强风）：渔船加倍缩帆，捕鱼须注意风险。大树枝摇动、电线呼呼作响、举伞困难。

七级（疾风）：渔船进港停歇，在海面上的渔船应该下锚，以防止船体倾斜、侧翻。内陆整棵树都开始摇动，迎风步行感觉不便。

八级（大风）：近港的渔船都停留在港内。小树枝折毁，迎风步行举步维艰。

九级（烈风）：机械帆船航行困难。烟囱顶部随风晃动、屋顶瓦片开始移动，小房子被破坏。

十级（狂风）：机械帆船航行很危险。树木被连根拔起或建筑物被摧毁，陆地上很少见。

十一级（暴风）：机械帆船遇到这种风极其危险。如果发生在陆地上，则一定会造成严重灾害。

十二级（飓风）：海浪滔天，摧毁力极大，陆地基本见不到。

2. 风灾等级

风灾指因暴风、台风或飓风过境而造成的灾害。大风除有时会造成少量人口伤亡、失踪外，更多会破坏房屋、车辆、船舶、树木、农作物以及通信设施、电力设施等。

大风等级采用蒲福风力等级标准划分，一般可划分为 3 级：

（1）一般大风：相当 6 ~ 8 级大风，主要破坏农作物，对工程设施一般不会造成破坏；

（2）较强大风：相当 9 ~ 11 级大风，除破坏农作物、林木外，对工程设施可造成不同程度的破坏；

（3）特强大风：相当于 12 级含 12 级以上的大风，除了会破坏农作物、林木外，对工程设施和船舶、车辆等可造成严重破坏，并严重威胁人们的生命安全。

3. 风灾类型

（1）暴风

暴风指距离地面 10 米处的平均风速达 28.5 米 / 秒 ~ 32.6 米 / 秒的风。暴风往往与雨相伴，持续时间短暂。

（2）台风指发生在太平洋西部海洋和南海海上的热带空气旋涡，是一种极其猛烈的风暴，风力常达十级以上，同时伴有暴雨。夏秋两季常侵袭我国。

（3）龙卷风

龙卷风指风力极强但范围不大的旋风，形状像一个大漏斗，轴线一般垂直于地面，在发展的后期因上下层风速相差较大可呈倾斜状或弯曲状。

龙卷风下部直径小则几米，大则可达千米以上，一般为数百米。上部直径一般为数千米，最大可达 10 千米。龙卷风的风速往往达到每秒一百多米，破坏力非常大。龙卷风如果发生在陆地上，能把大树连根拔起来，摧毁各种建

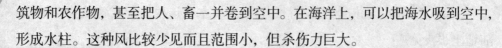
筑物和农作物，甚至把人、畜一并卷到空中。在海洋上，可以把海水吸到空中，形成水柱。这种风比较少见而且范围小，但杀伤力巨大。

（4）飓风

飓风指发生在大西洋西部的热带空气旋涡，是一种极强烈的风暴，相当于西太平洋上的台风。高出水面10米，平均风速大于32.7米/秒。

4.风灾形成的原因

风灾形成的原因除各种自然因素以外，还常与人类对自然环境的破坏有关。如滥采地下水、破坏地表植被、工业废气、汽车尾气等大量温室气体排放形成温室效应等。

（三）风灾预防

1.台风来临前准备要点

（1）及时收听广播、收看电视或上网查阅台风预警信息，了解政府的"防台"行动对策。

（2）关紧门窗，加固易被风吹动的物体和建筑物。在窗玻璃上用胶布贴成"米"字图形，以防窗玻璃破碎。

（3）危房中的住屋要转移到安全地点。

（4）处于地势低洼地带的居民要及时转移。

（5）检查房中电路、煤气等设施是否安全。

（6）幼儿园、学校应采取暂避措施，必要时需要停课。

（7）露天集体活动或室内大型集会应及时取消，并做好人员疏散工作，防止踩踏事故发生。

（8）不要到台风经过的地区旅游或到海滩游泳，更不要乘船出海。

2.遭遇台风时的避险方法

（1）如果在室内，尽量不要外出。

（2）如果在户外，千万不要在临时建筑物、广告牌、铁塔、大树、烟囱等附近避风避雨，以防止发生雷击事故。

（3）如果是开车的时候遭遇台风，则应立即将车开到地下停车场或隐蔽处。

（4）宿营在帐篷里的人，则应立即收起帐篷，进入坚固结实的房屋中避风、避险。

（5）如果在水面上（如游泳、乘船等），则应立即上岸避风避雨。

（6）台风过后需要注意环境卫生，注意食物、水的安全。

3.特别需要警惕

（1）旋转风：往往在台风中心附近，由于风力大且风向变化突然，破坏力极强。

（2）"平静"的"台风眼"：陆地上往往在受强烈的偏北风和暴雨袭击之后，会出现一片风平浪静,云开雨停甚至蓝天星月"迷"人景象。这实际上是受"台风眼"影响，千万不要被这种暂时的现象所迷惑而放松防护。当"台风眼"过去之后，风向可能突转180度，变成偏南方向，并且会很快达到甚至超过之前台风的强度。

【扩展阅读】

城市风灾

随着城市建设的日新月异，一座座摩天大楼拔地而起，成为城市新景观、新地标的同时，因预先没有进行风洞测试，便发生了意想不到的大麻烦——狭管风。

一、城市风灾的元凶

北京、上海等大都市的高楼群耀眼气派，但行走在这些高楼群中间的马路上，有时却感到巨大的风力让人步履艰难，而走出高楼区，空气中的风力就减小了许多。这就是城市高楼群的"狭管效应"，即高楼之间的狭缝会形成危害很大的人造风口。

为什么高楼群中易产生大风？这是因为城市粗糙的下垫面好比地形复杂的山区，两幢大楼之间就像山区中的风口，高楼间形成的狭窄通道会阻碍风的通行，于是风就成倍地增速，在本无大风的天气中制造出大风。

科学家通过试验发现，在高楼大厦林立的城市，高层楼宇间的狭窄地带风力比起平地要强得多，平地上3到4级的风，在城市高楼之间，经过"狭管效应"放大后，可达10级以上，瞬间风力更可高达十二三级，足以将树木连根拔起，"狭管效应"因此成为城市风灾的元凶。

二、建筑设计需谨慎

目前，我国建筑标准中对楼间距的规定充分考虑了日照，却并未考虑"狭管效应"。而且多数城市对闹市区广告牌的抗风标准没有规定，即便是做出

第二章 校园安全之自然灾害篇

规定的北京等地，其抗风等级也仅为 8 级。

针对这一情况，专家提出高层建筑物越多、体积越大、间距越近，出现"狭管效应"的机会越大，反之则越小。因此，他们建议城市规划应充分考虑"狭管效应"的危害，必须采取相应的规避措施，合理地对高层建筑进行排布，并有意识地加大建筑物的间距，留出风道，减低"狭管效应"。

不过，有些建筑的位置已经规划好，还有什么方式能够避免狭管风呢？

位于北京王府井的东方广场由于所处地段金贵，建筑间的设计必然紧凑，容易形成狭管风。设计师利用山水小景、花坛、喷水池等化解角流风与涡流风的冲击，并在通风道上加盖透明天棚，或设置小树林等多层绿化带，这些方式都有效地削弱了"狭管效应"。

【扩展阅读】

美国食品药物管理局(FDA)发布飓风后的健康忠告

在飓风过后伴随而来停电和洪水期间，要采取必要的措施，以保证人员健康和安全。暴风雨过后，人们可以遵照 FDA 给出的如下建议，以保护自己和家人。

1. 在飓风过后出现的停电或洪水期间，FDA 认为消费者面对的最大的食品安全挑战将是食物保存。冷藏食物于或低于华氏 40 度（摄氏 44 度）以及保存冷冻食物于或低于华氏 0 度（摄氏零下 18 度）。

2. 易腐食物，如肉、禽、海产品、牛奶和蛋类等，若冷藏或冷冻不当，即使完全煮熟，在食用后也可能引起疾病。

3. FDA 认为如果出现洪水，消费者还须评估所储食物和饮用水的安全性。

以下是消费者在家中可采取的保证食品安全的措施食物：

停电时的食品安全

尽可能保持冰箱和冰柜门的紧闭，以维持低温。假如冰箱关着，它可在 4 小时内使食物保持低温。装满的冰柜可保温约 48 小时（只装一半的冰柜可保温 24 小时）。假如长时间停电，购买干冰或块冰(dry or block ice)以尽可能地保持冰箱内低温。50 磅干冰可使装满货物的 18 立方英尺大的冰柜保温 2 天。

4. 即使食用以安全温度冷藏或冷冻的肉、禽、鱼或蛋，应确保彻底煮熟，以杀死可能存在的任何食源性细菌。

5. 水果和蔬菜在食用前要使用来源安全的水进行清洗。

6. 至于婴儿，有条件的话，最好食用已配制的无需加水的罐装婴儿配方母乳替代食物（baby formula）。如果当地水源可能遭受污染，那么在稀释或调制浓缩或粉状的配方母乳替代食物时应使用瓶装水。

7.电力一旦恢复，你需要评价所储食物的安全性。如果冰柜内有温度计装置，那么在电力恢复时要注意查看其温度。如果冰柜内温度计的读数为华氏40度或者更低，则食物是安全的，并可被再冷冻。如果冰柜内没有温度计，则需检查每一袋包装食物以确定其安全性。切记：不能依靠外观或气味来判断食物是否安全。如果食物仍含有冰晶或温度在华氏40度或更低，则可重新冷冻或煮制食用。

8.冷藏食物在停电4小时内应该是安全的，但应尽可能密闭冰箱门。在华氏40度以上存放2小时以上的任何易腐食物（如肉、禽、鱼、蛋或剩菜），应被丢弃。

9.飓风和洪水期间的食物及饮用水安全

飓风，特别是伴随着涌潮（tidal surge）或洪水的飓风，可污染公共水源。饮用受污染的水可能引起疾病。受飓风影响的地区的饮用水是不安全的，不能饮用。应该随时收听当地的关于饮用水供应安全性的通知。

如果你没有瓶装水，并且不能肯定自来水是否安全，那么可遵照以下步骤净化自来水：

(1)如果有热源，将水煮开并沸腾1—3分钟。

(2)假如没有条件烧水，在每加仑水中加入8滴新买的无味的家用漂白液，充分搅拌，静止30分钟后方可饮用。注意：使用漂白液并不能杀灭寄生虫。

(3)可到当地药房或体育用品商店购买净化水的片剂（water-purifying tablets）。

(4)不要食用任何可能接触过洪水的食物。应丢弃任何没有防水包装且可能接触过洪水的食物。未受损的罐装食物如果除去标签彻底清洗罐头，然后用每加仑水中含1/4杯漂白剂的消毒液清洗罐头表面，则可不丢弃。用记号笔重新标志罐头，包括注明保质期。含有螺帽（screw-caps）、易拉盖（snap lids）的食物容器以及自备的罐装食物如果接触到洪水则要丢弃，因为它们不能被消毒。

10.清除接触过洪水的木制切割板（wooden cutting boards）、塑料制品、婴儿瓶装奶嘴和橡皮奶头（pacifier）。因为如果它们已经接触被污染的洪水，则没有安全的办法清洗它们。使用肥皂和热水彻底清洗金属平底锅、陶瓷器皿及其他器皿，并将器具置于干净的水中煮沸或者浸在每加仑水含1/4杯漂白剂的消毒液中15分钟。

二、水灾

【新闻回顾】

2010年福建南平三明等市遭30年一遇洪水，多处泥石流和山体垮塌，灾情严重。

2010年7月19日，四川广安遭遇160年不遇特大洪水，2/3老城区被淹，10万多群众受灾。

2007年7月20日，四川渠县一座在建大桥被洪水冲毁。

2010年7月四川汉源突发山体滑坡，92户房屋受损，20人失踪。

假如你是南方的小朋友，或者是生长在江边、海边的孩子，对洪水并不觉得陌生。我国幅员辽阔，几乎每年都有一些地方发生或大或小的水灾，河谷、沿海地区及低洼地带是多发地带。

（一）突发洪水

严重的水灾暴发时如何防备与自救，人们应该做些什么呢？

1. 洪水来临前的准备

洪水到来之前，要尽量做好相应的准备。

（1）根据当地电视、广播、网络等媒体提供的洪水信息，结合自己所处的位置和条件，认真选择最佳路线撤离，避免出现"人未走水先到"的被动局面。撤离前认清路标、明确撤离的路线和目的地后，最好在脑海中试着走一遍，以避免因为惊慌而走错路。

（2）备足速食食品或蒸煮够食用几天的食品，准备足够的饮用水和日用品。保存好尚能使用的通讯设备。

（3）将不便携带的贵重物品作防水捆扎后埋入地下或放到高处，票款、首饰等小件贵重物品可缝在衣服内随身携带。

2. 洪水到来时的自救

假如现在洪水来袭，你想带哪些东西逃离到安全地方去呢？

（1）洪水到来时，来不及转移的人员，要就近迅速向山坡、高地、楼房、避洪台等地转移，或者立即爬上屋顶、楼房高层、大树、高墙等高的地方暂避。

（2）如洪水继续上涨，暂避的地方已难自保，则要充分利用准备好的救生器材逃生，或者迅速找一些门板、桌椅、木床、木排、竹排，搜集木盆、木材、大块的泡沫塑料等能漂浮的材料加工成救生装置以备急需。

（3）如果已被洪水包围，要设法尽快与当地政府防汛部门取得联系，报告自己的方位和险情，积极寻求救援。千万不要游泳逃生，不可攀爬带电的电线杆、铁塔，也不要爬到泥坯房的屋顶。

（4）如已被卷入洪水中，一定要尽可能抓住固定的或能漂浮的东西，寻找机会逃生。发现高压线铁塔倾斜或者电线断头下垂时，一定要快速避开，防止直接触电或因地面"跨步电压"触电。

（二）山洪

1.什么是山洪

一般山洪是由暴雨引起，通常指在山区的沿河流或溪沟形成的暴涨暴落的洪水。常引发滑坡、泥石流等次生灾害。另外，拦洪设施的崩溃、决堤也可引发山洪。

山洪灾害是指山洪暴发而给人们带来的危害，包括人员伤亡、财产损失、基础设施毁坏及环境资源破坏等。山洪灾害分为泥石流灾害、滑坡灾害和溪河洪水灾害。

2.遇到山洪时如何迅速脱险

居住在山洪易发区或、峡谷、溪岸的居民，每当遇连降大暴雨时，必须保持高度警惕。特别是晚上，如有异常，应立即组织人员迅速脱离现场，就近选择安全地方落脚，并设法与外界联系，做好下一步救援工作。切不可因心存侥幸或救捞财物而耽误避灾时机，造成不必要的人员伤亡。

3.遭遇突发山洪怎么办

（1）在山洪易发地区如听到轰隆隆的似火车开动的声音，说明山洪已经不远了。这时一定要保持冷静，迅速判断周边环境，尽快向山上或较高地方转移；如一时躲避不了，应选择一个相对安全的地方避洪。

（2）山洪暴发时，不要沿着或逆着洪水流动方向跑，应向山谷两侧快速躲避，千万不要轻易涉水过河。

（3）被山洪困在山中，应及时与当地政府防汛部门取得联系，寻求救援。

（三）泥石流

1. 什么是泥石流

泥石流是山区沟谷或斜坡上由暴雨、冰雪消融等引发的含有大量泥沙、石块、巨石的特殊洪流。泥石流常与山洪相伴，其来势凶猛，在很短时间里，大量泥石横冲直撞流出沟外，并在沟口堆积起来。

泥石流的破坏性极强，可以损毁道路、堵塞河道甚至可以将整个村庄、城镇淤埋，给人们的生命财产造成极大危害。

2010 年 8 月 7 日，甘南藏族自治州舟曲县突降强降雨，县城北面的罗家峪、三眼峪泥石流下泄，由北向南冲向县城，造成沿河房屋被冲毁，泥石流阻断白龙江，形成堰塞湖。此次特大泥石流灾害共造成 1434 人死亡，331 人失踪，累计门诊人数 2062 人的严重后果。

2. 遇到泥石流如何避险

如果一定要在泥石流多发地区建新房，一定要选择相对安全地带。当地居民要随时注意灾害预警预报，平时选好躲避路线，以防发生泥石流时措手不及。

（1）在沟谷内逗留或活动时，一旦遭遇大雨、暴雨，要迅速转移到安全的高地，不要在低洼的谷底或陡峻的山坡下躲避、停留。

（2）野外扎营时，要选择平整的高地作为营址，尽量避开有滚石和大量堆积物的山坡下或山谷、沟底。注意留心周围环境，特别警惕远处传来的土石崩落、洪水咆哮等异常声响，这很可能是即将发生泥石流的征兆。

（3）发现泥石流袭来时，要马上向沟岸两侧高处跑，千万不要顺着泥石流走向的上游或下游跑。

（4）暴雨停止后，不要急于返回沟内住地，应等待一段时间。

（四）灾后保护饮用水源

1. 尽可能减少污染源

（1）将卫生防护带内有毒有害物质迁移到安全地带。

（2）迁移水源防护带沿岸的粪缸、牲畜圈，及时清除垃圾堆。

（3）打捞垃圾、动物尸体及水面的漂浮物。

（4）增设厕所、固定垃圾堆放点，并设专人管理、及时清理，防止污染水源。

（5）保护自来水厂设备。

2. 重点保护已有的集中式供水水源

（1）防止洪水淹没深井水，保护地下水源。

（2）抢修净水设备和管道，清洗消毒被淹的饮水蓄水池和水箱。

（3）根据水质变化，调整净水剂和消毒剂的投加量，保证饮用水质量。

3. 做好饮用水的消毒工作

对集中式供水，严格按水厂标准消毒。分散式饮水，如对水井、山溪水等混浊水须先用明矾按 2 两（100 毫克）加入 2 斤水的比例作用 10 分钟澄清后，再进行消毒处理。

（五）做好垃圾粪便的卫生管理

灾害发生后要搭建临时厕所，临时厕所一定要做到：

选择地势较高的地方，远离水源至少 30 米以上。有条件的地方可选择塑料缸、桶、陶瓷缸来代替粪池；在无条件的情况下，可挖坑，坑的周围或底部可用塑料膜衬里或水泥和砖砌成。厕坑应做到不渗不漏，粪坑满时应及时清除。堆好的肥堆，通过发酵，堆内温度可达到 50～60 摄氏度，并维持 5～7 天以上即能达到无害化的卫生要求。

厕墙、厕顶可用草席、塑料膜、编织袋布或其他材料围挡。禽畜也应建临时栏饲养，栏里的禽畜粪便可随时用土垫圈，粪便做到及时清理，以免蚊蝇滋生。

（六）杀灭蚊蝇、灭鼠防病

水灾发生以后要及时清理动植物尸体，杀灭蚊蝇，以防由蚊、蝇传播的传染病。

1. 外环境灭蚊蝇

（1）用 80% 敌敌畏稀释 2 倍，超低容量喷雾，有效剂量 20-50 毫克/平方米。

（2）用 5% 氯氰菊酯稀释 10 倍，超低容量喷雾，有效剂量 0.5-1 毫克/平方米。

2. 内环境灭蚊蝇

（1）80% 敌敌畏 10 倍稀释，超低容量喷雾，0.05-0.1 克/平方米。

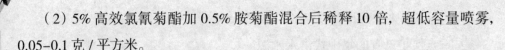

（2）5% 高效氯氰菊酯加 0.5% 胺菊酯混合后稀释 10 倍，超低容量喷雾，0.05-0.1 克/平方米。

（3）3% 氯菊酯加 0.5% 胺菊酯混合后超低容量喷雾，0.05-0.1 克/平方米。

3. 灭鼠防病

洪涝期间和临时聚居地属于特殊环境，灭鼠方法与平时有所不同：

（1）多用器械灭鼠。多用鼠笼鼠夹等机械灭鼠；但不能使用电子猫，更不能自拉电网捕鼠。洪涝期间鼠洞短浅且取水方便，还可用水或泥浆灌洞。

（2）慎用毒饵以确保人畜安全。当鼠密度很高，或人群受到鼠源疾病严重威胁时，则应在严密组织、充分宣传的基础上，开展毒饵灭鼠。可用磷化锌（0.3%-0.5%）、敌鼠钠盐灭鼠。毒饵必须有警告色，投饵点应有醒目标记，投饵工作由受过培训的灭鼠员承担。投毒后及时搜寻死鼠，管好禽畜，藏好食品，照看好小孩。投饵结束应收集剩饵，与死鼠同样焚烧或在适当地点深埋，卫生部门要做好中毒急救的预案。

（七）灾后疾病预防

1. 预防肠道传染病

（1）预防肠道传染病的关键，是把好"病从口入"关：

水——注意饮水卫生，做到不喝生水，喝开水，保护水源，做好饮用水的消毒；

食——注意饮食卫生，不吃变质食品，不生吃或半生吃海产品；剩饭剩菜要煮透后再吃。

（2）讲究个人卫生，养成饭前便后洗手的好习惯。一旦发生呕吐、腹泻等症状，要及时到医院肠道门诊就诊。

（3）做好环境清理和消毒工作，科学处理粪便、垃圾和污水，消灭苍蝇、蟑螂和老鼠。

2. 预防食物中毒

（1）不吃腐败变质或被污水浸泡过的食物。不吃淹死、病死的禽畜和水产品。

（2）不吃剩饭剩菜，不吃生冷食物，食物生熟要分开。

（3）不要到无卫生许可证的摊档购买食品。

3. 预防伤寒

伤寒是由伤寒杆菌所引起的急性肠道传染病。传播途径主要是水源、食物被污染而引起的流行或暴发流行。

伤寒的表现：持续发热，体温可达到40摄氏度，呈梯形热，有脱水、酸中毒、相对缓脉脉搏（90—100次/分）、玫瑰疹、脾脏肿大等典型症状。伴耳鸣、听力下降、表情淡漠，反应迟钝等症状。并有白细胞减少，肠出血、肠穿孔是其主要并发症。

（1）及时送医疗单位隔离治疗，体温正常后15日方可解除隔离。

（2）把好"病从口入关"。生熟食物要分开，生熟食具分开使用；生吃瓜果要洗烫；饮开水。饭前便后、外出归来、点钞后都要用清洁剂和流动水洗净手。

（3）管好水源、垃圾、粪便，消灭蚊蝇。

（4）接种伤寒疫苗。

4. 预防霍乱流行

霍乱是由霍乱弧菌所致的烈性急性肠道传染病。传播途径主要是水、食物受到污染引起流行。

霍乱的临床表现：急剧无痛性腹泻和喷射性呕吐或米泔水样大便，无臭，微有鱼腥味，含大片状黏液，每日数十次，无里急后重。呕吐常在腹泻后出现。腓肠肌压痛明显。病人大量失水,迅速出现周围循环衰竭;主要表现:烦躁不安、口渴、声音嘶哑、耳鸣、呼吸加快，直至引发循环衰竭、肾衰、电解质平紊乱及代谢性酸中毒。如抢救不及时或不得当，可在发病后数小时至十数小时内死亡。

（1）霍乱的最主要治疗就是及时补液。一旦患了霍乱，应当立即送医院或灾区医疗队隔离治疗。

（2）霍乱病的预防，首先是对病人迅速隔离治疗，最关键是把住"病从口入关"。食物要煮透煮熟，生熟食物要分开；不吃生东西，生吃瓜果要洗烫；不喝生水。

（3）饭前便后要洗手，外出归来及点钞后都要用清洁剂和流动水洗净手。

（4）管好水源、垃圾、粪便，消灭苍蝇。

5. 慎防甲型急性传染性肝炎

甲型急性传染性肝炎是由甲肝病毒所致的急性肠道传染病（简称甲肝）。传播途径主要是由于粪便污染食物引起传播。

甲肝的临床表现：食欲减退、腹胀、厌油、恶心、疲乏、肝肿大、肝脏处有压痛及肝功能异常。眼巩膜（白眼珠）及皮肤发黄。

（1）发现病例立即隔离治疗：治疗以护肝、休息、营养为主，给以适当药物。避免饮酒、过劳和使用损害肝脏药物。饮食以清淡富有营养和热量为主。本病属于中医肝胆湿热、肝气郁结，可用清热利湿、疏肝解郁等方法治疗。

（2）把好"病从口入关"，做好"食熟食，饮开水，洗净手"。

（3）大搞环境卫生，养成良好卫生习惯。做好"三管一灭"工作，管好水源、垃圾、粪便，消灭蚊蝇。

（4）必要时接种丙种球蛋白和甲肝疫苗。

6. 预防钩端螺旋体病

钩端螺旋体病是由各种不同血清型的致病性钩端螺旋体（简称钩体）所引起的一种人畜共患的急性传染病。受感染的鼠类和猪是两大主要传染源。

钩体病的表现极为复杂，病情轻重有很大差异。临床特点为：骤然发热、全身酸痛，软弱无力，结膜充血，腓肠肌压痛，浅表淋巴结肿大和触痛等。重者可能肺大出血、黄疸等。严重的可因肝坏死、肝、肾功能衰竭和抢救不及时而死亡。

（1）早期发现，早期诊断，早期治疗，就地隔离治疗是至关重要的原则。

（2）预防钩体病的关键是灭鼠，管理好牲畜，防止牲畜尿液污染水源。避免在流行地区和流行季节的河沟或池塘中涉水或洗澡。合理施肥或施洒农药，用草木灰或石灰等改变农田水质，以消灭钩体菌。另外，注射菌苗可增强人群免疫力。

第二节 地震

【案例分析】

2006年12月印度洋海啸，伤亡20多万人。

2008年5月12日，中国四川汶川8级大地震，伤亡、失踪人数达46万余人。

2010年1月12日，海地地震造成30万人死亡。

2011年3月11日，日本东海岸发生9级地震，1900人死亡。

我国是一个多地震的国家，每年都要发生成百上千次的地震，但像唐山地震那样破坏性大的强震，则平均要几十年或上百年才能遇到一次。地震是世界上最凶恶的敌人，它所造成的直接灾害有：破坏建筑物与构筑物：如房屋倒塌、桥梁断落、水坝开裂、铁轨变形等等；破坏地面：如地面裂缝、塌陷，喷水冒砂等；破坏山体等自然物：如山崩、滑坡等；海啸、海底地震引起的巨大海浪冲上海岸，造成沿海地区的破坏。

此外，有些大地震中，还会出现地光烧伤人畜的现象。地震的直接灾害发生后，会引发次生灾害。有时，次生灾害所造成的伤亡和损失，比直接灾害还大。如1932年日本关东大地震，直接因地震倒塌的房屋仅1万幢，而地震时失火却烧毁了70万幢。

一、从我们的地球谈起

众所周知，太空中有一颗美丽的蓝色星球——地球。虽然地球表面覆盖着大量的水，但地球内部温度极高。打个比方，地球的内部像一个煮熟了的鸡蛋：地壳好比是外面一层薄薄的蛋壳，地幔好比是蛋白，地核好比是最里边的蛋黄。

地球表面是由板块组成，整个地壳平均厚度约17km，其中大陆地壳较厚，平均为33km。高山、高原地区地壳更厚，最高可达70km；平原、盆地地壳相对较薄。大洋地壳则远比大陆地壳薄，厚度只有几千米。

地球从形成的那一刻起，就从来没有停止过运动。世界屋脊喜马拉雅山上的海洋生物化石，地下深处由植物生成的煤海，盘山公路边陡峻山崖上显示的地层弯曲与变形……无不书写着亿万年来大地沧海桑田的变迁。

然而，地壳的运动与变化并非都是缓慢的，有时也会发生突然的、快速的运动。这种运动骤然爆发，常常给我们的星球带来灾难，其中最常见的地震对人类的危害最为严重。

二、地震基础知识

（一）什么是地震

广义地说，地震是地球表层的震动。根据震动性质不同可分为三类：天然地震（指自然界发生的地震现象）；人工地震（由爆破、核试验等人为因素引起的地面震动）；脉动（由于大气活动、海浪冲击等原因引起的地球表层的经常性微动）。

狭义而言，人们平时所说的地震是指能够形成灾害的天然地震。

地下岩层因受力不均而发生错动破裂造成的地面震动，同台风、暴雨、洪水、雷电一样，是一种自然现象。在地壳运动的过程中，地壳的不同部位受到挤压、拉伸、旋扭等力的作用，在那些构造比较脆弱的地方，就容易破裂，引起断裂变动，从而发生地震。

（二）相关术语

1.什么叫地震波

地震发生时，地下岩层断裂错位释放出巨大的能量，激发出一种向四周传播的弹性波，这就是地震波。地震波主要分为体波和面波。

（1）体波

体波可以在三维空间中向任何方向传播，又可分为纵波和横波。纵波指振动方向与波的传播方向一致的波，传播速度较快，到达地面时人感觉颠动，物体上下跳动；横波指振动方向与波的传播方向垂直，传播速度比纵波慢，到达地面时人会感觉到摇晃，物体会来回摆动。

（2）面波

当体波到达岩层界面或地表时，会产生沿界面或地表传播的幅度很大的波，称为面波。面波传播速度小于横波，所以面波通常跟在横波的后面。

2.震源、震中、震中距以及震源深度

（1）震源

地球内部直接产生破裂的地方称为震源，它是一个区域，但研究地震时常把它看成一个点。

（2）震中

地面上正对着震源的那一点称为震中，它实际上也是一个区域。根据地震仪记录测定的震中称为微观震中，用经纬度表示；根据地震宏观调查所确定的震中称为宏观震中，它是极震区（震中附近破坏最严重的地区）的几何中心，也用经纬度表示。由于方法不同，宏观震中与微观震中往往并不重合。1900年以前没有仪器记录时，地震的震中位置都是按破坏范围而确定的宏观震中。

（3）震中距

从震中到地面上任何一点的距离叫作震中距。同一个地震在不同的距离上观察，远近不同，可分为远震、近震、地方震：对于观察点而言，震中距大于1000千米的地震称为远震，震中距在100～1000千米的称为近震，震中距在100千米以内的称为地方震。例如，汶川地震对于300多千米处的重庆而言为近震；而对千里之外的北京而言，则为远震。

（4）震源深度

从震源到地面的距离叫作震源深度。震源深度在60千米以内的地震为浅源地震，震源深度超过300千米的地震为深源地震，震源深度为60～300千米的地震为中源地震。同样强度的地震，震源越浅，所造成的影响或破坏越重。我国绝大多数地震为浅源地震。

3. 地震的规模

目前衡量地震规模的标准主要有震级和烈度两种。

（1）地震震级

目前国际上一般采用美国地震学家查尔斯·弗朗西斯·芮希特和宾诺·古腾堡（Beno Gutenberg）于1935年共同提出的震级划分法，即现在通常所说的里氏地震规模。里氏规模是地震波最大振幅以10为底的对数，并选择距震中100千米的距离为标准。里氏规模每增强一级，释放的能量约增加32倍，相隔二级的震级其能量相差1000 (32×32) 倍。

地震按震级大小的划分大致如下：

弱震是震级小于3级。如果震源不是很浅，这种地震人们一般不易觉察。

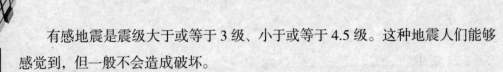

有感地震是震级大于或等于 3 级、小于或等于 4.5 级。这种地震人们能够感觉到，但一般不会造成破坏。

中强震是震级大于 4.5 级、小于 6 级，属于可造成损坏或破坏的地震，但破坏轻重还与震源深度、震中距等多种因素有关。

强震是震级大于或等于 6 级，是能造成严重破坏的地震。其中震级大于或等于 8 级的又称为巨大地震。

（2）地震烈度

同样大小的地震，在不同地区造成的破坏不一定相同。同一次地震，在不同的地方造成的破坏也不一样。为了衡量地震的破坏程度，科学家又"制作"了另一把"尺子"——地震烈度。

地震烈度的评定标准一般是以人的感觉、器物反应、房屋等结构和地表破坏程度等进行综合评定的，反映的是一定地域范围内（如自然村或城镇部分区域）地震破坏程度的平均水平，须由科技人员通过现场调查予以评定。

在中国地震烈度表上，对人的感觉、一般房屋震害程度和其他现象都做了详细描述，这些都可以作为确定烈度的基本依据。影响烈度的因素有震级、震源深度、距震源的远近、地面状况和地层构造等。打个比方，震级好比一盏灯泡的瓦数，烈度好比某一点受光亮照射的程度，它不仅与灯泡的功率有关，而且与距离的远近有关。因此，一次地震只有一个震级，而烈度则各地不同。

一般而言，震中地区烈度最高，随着震中距加大，烈度逐渐减小。例如，1976 年唐山地震，震级为 7.8 级，震中烈度为XI度；受唐山地震影响，天津市区烈度为VIII度，北京市多数地区烈度为VI度，再远到石家庄、太原等地烈度就更低了。

用于说明地震烈度的等级划分、评定方法与评定标志的技术标准是地震烈度表，各国所采用的烈度表也不尽相同。

【扩展阅读】

地震谚语20首

1. 响声一报告，地震就来到。
2. 大震声发沉，小震声发尖。

3. 响得长，在远程；响得短，离不远。

4. 先听响，后地动，听到响声快行动。

5. 上下颠一颠，来回晃半天。

6. 离得近，上下蹦；离得远，左右摆。

7. 上下颠，在眼前。

8. 房子东西摆，地震东西来；要是南北摆，它就南北来。

9. 喷沙冒水沿条道，地下正是故河道。

10. 冒水喷沙哪最多？涝洼碱地不用说。

11. 豆腐一挤，出水出渣；地震一闹，喷水喷沙。

12. 洼地重，平地轻；沙地重，土地轻。

13. 砖包土坯墙，抗震最不强。

14. 酥在颠劲上，倒在晃劲上。

15. 女儿墙，房檐围，地震一来最倒霉。

16. 地基牢一点，离河远一点；墙壁好一点，连结紧一点；房子矮一点，房顶轻一点；布局合理点，样子简单点。要想再好点，互相多学点。

17. 地震闹，雨常到，不是霪来就是暴。

18. 阴历十五搭初一，家里做活多注意。

19. 井水是个宝，前兆来得早。

20. 地下水，有前兆：不是涨，就是落；甜变苦，苦变甜；又发浑，又翻沙。见到了，要报告。为什么？闹预报。

三、地震带

（一）世界地震带

1. 板块构造与地震活动的关系

地球最上层包括地壳在内的约 100 千米范围的岩石圈并不完整，像是打碎了仍然连在一起的鸡蛋壳，这些大小不等、拼接在一起的岩石层称为板块，它们各自在上地幔内的软流层上"漂浮"、迁移，有的板块甚至会俯冲到地幔内数百千米深的地方。

地球上最大的板块有六块，分别是太平洋板块、欧亚板块、美洲板块、非洲板块、印度洋板块和南极洲板块。另外还有一些较小的板块，如菲律宾板块等。

把世界地震分布与全球板块分布相比较，可以明显看出两者非常吻合。据统计，全球有 85% 的地震发生在板块边界上，仅有 15% 的地震与板块边界的关系不那么明显。这就说明，板块运动过程中的相互作用，是引起地震的重

第二章　校园安全之自然灾害篇

要原因。

发生在板块边界上的地震叫板缘地震，环太平洋地震带上绝大多数地震属于此类；发生在板块内部的地震叫板内地震，如欧亚大陆内部（包括我国）的地震多属此类。板内地震除与板块运动有关，还要受局部地质环境的影响，其发震的原因与规律比板缘地震更复杂。

2.世界地震带分布

地震的地理分布受一定的地质条件影响，具有一定的规律。地震大多分布在地壳不稳定的部位，特别是板块之间的消亡边界，形成地震活动活跃的地震带。全世界主要有三个地震带：

一是环太平洋地震带，包括南、北美洲太平洋沿岸，阿留申群岛、堪察加半岛，千岛群岛、日本列岛，经中国台湾再到菲律宾转向东南直至新西兰，是地球上地震最活跃的地区，集中了全世界80%以上的地震。本带是在太平洋板块和美洲板块、亚欧板块、印度洋板块的消亡边界，南极洲板块和美洲板块的消亡边界上。

二是欧亚地震带，大致从印度尼西亚西部，缅甸经中国横断山脉，喜马拉雅山脉，越过帕米尔高原，经中亚细亚到达地中海及其沿岸。本带是在亚欧板块和非洲板块、印度洋板块的消亡边界上。

三是中洋脊地震带，包含延绵世界三大洋（即太平洋、大西洋和印度洋）和北极海的中洋脊。中洋脊地震带仅含全球约5%的地震，此地震带的地震几乎都是浅层地震。

（二）我国的地震带分布

1.我国的地震活动分布情况

我国地处欧亚大陆东南部，位于环太平洋地震带和欧亚地震带之间，有些地区本身就是这两个地震带的组成部分。因此我国地震活动的范围广、强度大、频率高。

具体讲，我国的地震活动主要分布在5个地区的23条地震带上：

（1）台湾省及其附近海域；

（2）西南地区，包括西藏、四川中西部和云南中西部；

（3）西部地区，主要在甘肃河西走廊、青海、宁夏以及新疆天山南北麓；

（4）华北地区，主要在太行山两侧、汾渭河谷、阴山—燕山一带、山东中部和渤海湾；

（5）东南沿海地区，广东、福建等地。

2. 我国地震特点

（1）分布范围广

受太平洋板块、印度洋板块和菲律宾板块的挤压作用，我国地质构造复杂，我国地震活动范围很广，全国二十多个省（市、自治区）均发生过 6 级以上的地震，基本烈度大于 7 度的面积达 312 万平方千米，占国土面积的三分之一。

（2）活动频度高

我国有记录的破坏性地震共 1000 多次，20 世纪大于 6 级的破坏性地震就达 500 多次。其中 7 级以上的地震是 92 次，平均每年发生一次左右。在全球大陆地区的大地震中，约有四分之一至三分之一发生在我国。自 1900 年至 20 世纪末，我国已发生 4 级以上地震 3800 余次；其中，6～6.9 级地震 460 余次，7～7.9 级地震 99 次，8 级以上地震 9 次。

（3）强度大

全球地震释放能量以大震为主，我国累计释放的能量约占全球的十分之三，其中 1556 年陕西华县 8 级大地震死亡人数达 83 万，伤无数，居世界第一；1920 年宁夏海原 8.5 级大地震，死亡 23 万多人，居世界第三；1976 年河北唐山 7.8 级大地震死亡 24 万人，伤 16 万人，居世界第二。

2008 年 5 月 12 日 14 时 28 分 04 秒，8 级强震猝然袭来，大地颤抖，山河移位，满目疮痍，生离死别……西南处，国有殇。这是新中国成立以来破坏性最强、波及范围最大的一次地震。地震重创约 50 万平方公里的中国大地……截至 2009 年末，遇难 69225 人，受伤 374640 人，失踪 17939 人。

其中四川省 68712 名同胞遇难，17921 名同胞失踪，共有 5335 名学生遇难或失踪。直接经济损失达 8451 亿元。这是中华人民共和国自建国以来影响最大的一次地震。震级是自 1950 年 8 月 15 日西藏墨脱地震（8.5 级）和 2001 年昆仑山大地震（8.1 级）后的第三大地震，直接严重受灾地区达 10 万平方公里。

（2）震源浅

我国发生的地震震源多在 10~25 千米之间，因而烈度高，破坏重，伤亡大。

四、地震前兆

（一）微观前兆

指人的感官不易觉察，须用仪器才能测量到的震前变化。例如，地面的变形，地球的磁场、重力场的变化，地下水化学成分的变化，小地震的活动等。

（二）宏观前兆

是人们的感觉能直接观察到一些自然现象，有些在震前短暂时间内会出现变化。其中有些是人凭肉眼能观察到和感觉到的。

1. 大气异常

地震前，尤其是大震前，往往会出现多种反常的大气物理现象，如怪风、暴雨、大雪、大旱、大涝、骤然增温或酷热蒸腾等。

2. 地下水异常

由于地下岩层受到挤压或拉伸，使地下水位上升或下降；或者使地壳内部气体和某些物质随水溢出，而使地下水冒泡、发浑、变味等。

3. 动物异常

震前一两天，牛、马赶不进圈，乱蹦乱跳、嘶叫不止，烦躁不安，饮食减少；一些猪羊不吃食、烦躁不安、乱跑乱窜；狗狂叫不止，鸡不进窝、惊啼不止；鸭不下水；家兔乱蹦乱跳，惊恐不安；鸽子在震前数天惊飞、不回巢；蜜蜂一窝一窝地飞走；老鼠反应最灵敏，在震前一天至数天，老鼠突然跑光了，有的叼着小老鼠搬家；有些冬眠的蛇爬出洞外或上树；鱼惊慌乱跳游向岸边，翻白肚等。

4. 地光和地声

地光指地震伴有大地发光现象。地光的颜色很多，有红、黄、蓝、白、紫等。地光很短，往往一闪而过，所以不易观测。地声指在地震前往往有声响自地下深处传来"地声"。一般说，如果声音越大，声调越沉闷，那么地震也越大；反之，地震就较小。地震有"前震—主震—余震"的规律，要注意掌握。

5. 地震云

地震云是指地震即将发生时，震区上空出现的不同颜色的，如白色、灰色、橙色、橘红色等带状云，其分布方向同震中垂直，一般出现于早晨和傍晚。

地震云的形成原因是由于地震即将发生时，因地热聚集于地震带，或因地震带岩石受强烈应力作用发生激烈摩擦而产生大量热量，这些热量从地表面溢出，使空气增温产生上升气流，在高空形成了地震云，云的尾端指向地震发生处。这种说法似乎比较合理，但也有人认为，地震云的必然性尚缺乏实验数据，可能是一种巧合，有待进一步考证。

五、地震来了怎么办

地震发生的瞬间，也就是从地震发生到房屋倒塌，大约有十几秒钟的求生时间，在这生与死的瞬间，要保持冷静，千万不要慌乱，来不及到室外的人，可以因地制宜，就地避震。地震时，房屋摇晃，会造成人们情绪紧张和恐惧。

（一）地震时的环境特点

地震一般不是连续波动的，第一次最强震峰过去，大多数房子并没有倒下，而是摇摇欲坠。停留几分钟甚至十几分钟，稍低一些的余震来临，很多危房倒塌，以后每次余震都有倒塌的房屋。就是在大震和余震的宝贵几分钟内，许多人逃出来了，而胆子小的不会逃生的就死在余震倒塌的房子里。

每当大地震发生以后，人们总是很痛心地发现虽然大震已经过去，但是孩子仍然蜷缩在危房里。尽管只有轻伤，门窗变形而且还开着，就是不敢出来。由于惊吓过度腿发抖丧失逃生能力。只能靠别人一个个背出来，当余震来的时候没有背出来的和去救人的一起被砸死了。

近距离的大震，我们感到地面是剧烈地上下振动及左右晃动，人们不能走动，甚至不能站稳；远距离的大震时，先感觉地面上下振动，过了几秒才感到左右晃动。

近距离的小震，地面振动及左右晃动的程度较轻；远距离的小震，只感到地面轻微地左右晃动。

地震发生时，如果只感觉到房屋摇动几下，表明是远震或小震，不必惊慌失措；如果感觉房屋晃动剧烈，摇摇欲坠，则表明是大地震，应迅速到就近坚实的家具下，或跨度较小的地方暂避，震后迅速撤离到室外安全的地方。我们来看看下面一组震后图片，有哪些地方有生存的可能：

（二）"救命三角"求生实验

道格·库普是世界上最有经验的救援小组——美国国际救援小组（ARTI）的首席救援者，也是灾难部经理。

他曾经和来自60多个不同国家成立的各种救援小组一起工作，曾在875个倒塌的建筑物里爬进爬出。在联合国灾难减轻（UNX051-UNIENET）小组中担任了任期两年的专家。从1985年至今，除非同时发生了多个灾祸，道格·库普几乎参与了每一次重大的救援工作。

1996年，道格·库普用他自己创立且被证明是正确的方法制作了一部电影。土耳其政府、伊斯坦布尔市、伊斯坦布尔大学及ARTI联合制作了这部科学研究影片，实验如下：

实验模拟摧毁了一座学校，和一个里面有20个人体模型的房屋。10个人体模型用"蹲下和掩护"方法求生；另外10个模型使用道格·库普的"生命三角"的求生方法。

模拟地震发生后，实验者通过倒塌的碎石慢慢进入建筑物，并拍摄和记录了结果。结果显示那些用"蹲下和掩护"方法的人存活率是"零",而那些使用"生命三角"求生法的人能够达到100%存活。

道格·库普曾非常痛心地描述一次救援："我们进入的第一个建筑物是在1985年墨西哥地震中的一个学校。每个孩子都在课桌底下。每个孩子都被压扁了。他们如能挨着课桌的走道里躺下,就有生还的希望。我不知道孩子们怎么会被误导要躲在某物体的下面。

(三)地震中的自救10项要领

基于以上实验的基础,道格·库普提出了地震中的自救10项要领:

1. 当建筑物倒下时,每个只"蹲下和掩护"的人都几乎被压死了。而那些躲到物体(如桌子或汽车)下躲避的人也总是受到了重伤或死亡。

2. 猫、狗和小孩子在遇到危险的时候,会自然地蜷缩起身体。地震时,你也应这么做,这是一种安全的本能。而人在一个很小的空间里便可做到:靠近一个物体,如一个沙发或一个大物体,结果他仅受到轻微的挤压。

3. 在地震中,木质建筑物最牢固。木头具有弹性,并且与地震的力量一起移动。如果木质建筑物倒塌了,会留出很大的生存空间,而且木质材料密度、重量都比水泥、砖瓦小。砖块材料则会破碎成一块块更小的砖。砖块会造成人员受伤,但是被砖块压伤的人远比被水泥压伤的人数要少得多。

4. 如晚上发生地震,而你正在床上,你只要简单地滚下床。床的周围便是一个安全的空间。

5. 如地震发生,你正在看电视,不能迅速地从门或窗口逃离,那就在靠近沙发或椅子的旁边躺下,然后蜷缩起来。

6. 大楼倒塌时，很多人在门口死亡的原因在于：如果人站在门框下，当门框向前或向后倒下时，你会被头顶上的屋顶砸伤。如门框向侧面倒下，人会被压在当中，所以，不管怎么样，人都会受到致命伤害。

7. 千万不要走楼梯，因楼梯与建筑物摇晃频率不一致，楼梯和大楼的结构物会不断发生个别碰撞。人在楼梯上时，会被楼梯的台阶割断，会造成很恐怖的毁伤。就算楼梯没有倒塌，也要远离楼梯，哪怕不是因为地震而断裂，还会因为承受过多的人群而坍塌。

8. 尽量靠近建筑物的外墙或离开建筑物，靠近墙的外侧远比内侧要好。你越靠近建筑物的中心，你的逃生路径被阻挡的可能性就越大。

9. 地震时，在车内的人会被路边坠落的物体砸伤，地震无辜受害者都是待在车内。其实，他们可简单地离开车辆，靠近车辆坐下，或躺在车边就可以了。所有被压垮的车辆旁边都有一个将近 1 米（3 英尺）高的空间，除非车辆是被物体垂直落下。

10. 在报社或办公室里堆有很多堆放报纸的地方，人在纸堆旁可找到一个比较大的空间，因为报纸不受挤压。

（四）避震方法

地震等自然灾害事件造成的惨烈后果是复杂的和多种多样的，尤其强烈破坏性地震发生时，除了造成建筑物、设施的破坏和倒塌，以及引发火灾、毒气和煤气等爆炸和污染外，特别是给人民生命造成的威胁和伤害尤为严重。

1. 在家里如何避震

震动时，要立即关火，失火时立即灭火。地震时关火机会有三次：第一次，在大的晃动来临之前；第二次，在大晃动停息的时候；第三次，在着火之后。

切勿躲在地窖、隧道或地下通道内，因为地震产生的碎石瓦砾会填满或堵塞出口。

2. 在野外如何避震

就地选择开阔地避震，蹲下或趴下，以免摔倒；不要乱跑，避开人多的地方；用书包等保护头部；不要随便返回室内。

避开危险物、高耸或悬挂物，如变压器、电线杆、路灯等；广告牌、吊车等。

避开高大建筑物或构筑物，如楼房，特别是有玻璃幕墙的建筑，如过街桥、立交桥上下等；避开高烟囱、水塔。

避开其他危险场所，如狭窄的街道；危旧房屋，危墙；女儿墙、高门脸、雨篷；砖瓦、木料等物的堆放处。

3.在公共场所如何避震

要听从现场工作人员的指挥，不要惊慌更不要乱跑，不要盲目拥向出口。要避开人流，避免被挤到墙壁、栅栏。

如果在影剧院、体育馆等处马上就地蹲下或趴在排椅下；注意避开吊灯、电扇等悬挂物；用书包等保护头部；等地震过去后，听从工作人员指挥，有组织地撤离。

4.在商场、书店等其他地方如何避震

地震发生时选择结实的柜台、商品（如低矮家具等）或柱子边，以及内墙角等处就地蹲下，用手或其他东西护头；避开玻璃门窗、玻璃橱窗或柜台；避开高大不稳或摆放重物、易碎品的货架；避开广告牌、吊灯等高耸悬挂物。

5.在学校怎样避震

不要向教室外面跑，应迅速用书包护住头部抱头、闭眼，躲在各自的课桌旁边，待主震过后，在老师的指挥下向教室外面转移。

在操场室外时，可原地不动蹲下，双手保护头部。注意避开高大建筑物或危险物；千万不要回到教室去。

学校和家长也一定要时刻注意地震安全教育，2008 年汶川大地震中，安县桑枣中学的校长能够保证 2400 多名师生无一伤亡的奇迹，是跟校长叶志平非常高的安全意识分不开的。

（五）地震逃生要点

1.避震原则

沉着冷静，因地制宜；行动果断；听从指挥（特别在公共场所）。

2.避震要点

震时就近躲避，震后关闭电源、煤气；抓住震前十几秒和主震过后余震未来之前的有限时间，迅速撤离到安全地方。

3. 避震时身体应采取的姿势

蹲下或面朝地伏下，尽量蜷曲身体，降低身体重心；抓住桌腿等牢固的物体；保护头颈、眼睛，掩住口鼻。

总之要相信，大震跑不了，小震不用跑，要想把命保，就地躲藏好。

六、地震后应急救护

（一）震后救人的原则

1. 先救近处的人：不论是家人、邻居，还是萍水相逢的路人，只要近处有人被埋压就要先救他们。相反，舍近求远，往往会错过救人良机，造成不必要的人员伤亡。

2. 先救容易救的人：这样可加快救人速度，尽快扩大救人队伍。

3. 先救青壮年：这样可使他们迅速在救灾中发挥作用，壮大救援队伍规模。

4. 先救"生"，后救"人"：唐山地震中，有一个农村妇女，她为了使更多的人获救，采取了这样的做法：每救一个人，只把其头部露出，使之可以呼吸，然后马上去救别人。结果她一人在很短时间内救出了好几十人。

（二）如何自救

1. 被困在室内应如何保护自己

（1）震后余震不断发生，被困人员的环境可能进一步恶化，这时一定要沉住气，树立生存的信心，要相信一定会有人来救你。因此，被困人员要尽量保护自己。

（2）保持呼吸畅通，尽量挪开脸前、胸前的杂物，清除口、鼻附近的灰土。

（3）搬开身边可移动的杂物，扩大生存空间。设法避开身体上方不结实的倒塌物、悬挂物。可用砖石、木棍等支撑残垣断壁，以防余震时进一步被埋压。

（4）闻到煤气及有毒异味或灰尘太大时，设法用湿衣物捂住口、鼻。

2. 在废墟中如何设法逃生

（1）设法与外界联系：仔细听听周围有没有人，听到人声时敲击铁管、墙壁，以发出求救信号。听不到声音时候就减少敲击、呐喊的频率以保存体力。

（2）与外界联系不上时可试着寻找通道。观察四周有没有通道或光亮；分析、判断自己所处的位置，从而判断自己应当采取哪种方法脱险。救援人员到来前被困人员可自己试着排开障碍，开辟通道。

（3）若开辟通道费时过长、费力过大或不安全时，应立即停止，以保存体力，等待救援人员的到来。

3.暂时不能脱险应怎样保护自己

（1）保存体力：不要大声哭喊，不要勉强行动。

（2）延缓生命：寻找食物和水，食物和水要节约使用。无饮用水时，可用尿液解渴。

2008年汶川地震中，一个老人陈仁平被困，靠两个鸡蛋、喝尿，一星期坚持得以生存，活啦。而孩子，年龄小的孩子，还以为是天塌地陷了，所有人都死了，不会有人救他们。很多孩子书包有矿泉水，一天就喝完，尿了不知道用瓶子接着备用，就那样脱水死去。就是身边有生鸡蛋也许孩子都不会吃。三天以后救活的基本上都是成年人，他们知道喝尿，知道节约水和食物，孩子则基本都不会。这也就提醒家长、教师平时要注意对孩子多做"安全自救教育"。

（3）如果受伤，想办法包扎止血；尽量少活动以保存体力，使得自己能有更长时间等待救援人员的到来。

（三）如何救助他人

地震后抢救人的生命是紧迫的，时间就是生命。据统计，唐山地震时，市区约有80%的人被埋压在废墟中，其中大部分是通过自救互救而脱险的；1983年山东菏泽地震，20000多人被埋压，通过自救和互救，结果不到两小时将94%以上被埋压人员抢救出来，经过及时治疗生存率达99.2%。震后20分钟内可以救出37.55%的压埋人员，救活率可达98.3%以上；一小时内可救出85.8%的人员，但救活率下降到63.7%以下；若两小时内还救不出被埋压人员，许多人可能因窒息、流血过多等原因而死亡。

1.怎样寻找被埋压人员

（1）先仔细倾听有无呼救信号，也可用喊话、敲击等方法询问埋压物中是否有待救者。

（2）如果听不到声音，可请其家属或邻居提供情况，以了解被困人员可能的被困位置和状况。

2.扒挖被埋人员时怎样保证他的安全

（1）使用工具扒挖埋压物，当接近被埋人员时，不可用利器刨挖。

（2）要特别注意不可破坏原有的支撑条件，以免对埋压者造成新的伤害。

（3）扒挖过程中应尽早使封闭空间与外界沟通，以便新鲜空气注入。

（4）扒挖过程中灰尘太大时，可喷水降尘，以免被救者和救人者窒息。

（5）扒挖过程中可先将水、食品或药物等递给被埋压者食用，以增强其生命力。

（6）施救时尽量先将被埋压者头部暴露出来，清除其口、鼻内的尘土，再使其胸腹和身体其他部分露出。

（7）对于不能自行出来者,应使其尽量暴露全身再抬救出来,不可强拉硬拽,以防止发生二次损伤。

3.应给予被救出人员哪些特殊护理

（1）蒙上他的双眼，使其避免强光的刺激。

（2）不可让其突然进食过多。

（3）要避免被救的人情绪过于激动，给予他必要的心理抚慰。

（4）对受伤者，要就地做相应的医学紧急处理。

4.如何救治和护送伤员

（1）先要仔细观察和询问伤员的伤情。

（2）对于颈、腰部疼痛的患者特别要注意让他平卧，并尽量躺在硬板上；搬运时保证其头颅、颈部和躯体处于水平位置，以免造成脊髓损伤。

（3）昏迷的伤员要平卧，且将其头部后仰、偏向一侧，及时清理口腔的分泌物，防止其因呼吸道堵塞而窒息死亡。

（4）给伤员喝水时，一定要先从少量开始，以免大量饮水造成急性胃扩张，导致严重后果。

（5）可用衣被、绳索、门板、木棍等组合成简易担架搬运伤员。

5.震后露宿时应注意什么？

（1）避开危楼、高压线等危险物。

（2）选择干燥、避风、平坦的地方露宿；在山上露宿时，最好选择东南坡。

（3）尽量注意保暖，如果身体和地面仅隔着薄薄的塑料布和凉席，当凉风与地表湿气向上蒸腾时，常常会诱发疾病。

6.搭建防震棚注意事项

（1）场地要开阔。在农村要避开危崖、陡坎、河滩等地；在城市要避开危楼、烟囱、水塔、高压线等处。

（2）不要建在阻碍交通的道口，以确保道路畅通。

（3）在防震棚中要注意管好照明灯火、炉火和电源，留好防火道，以防火灾和煤气中毒。

（4）防震棚顶部不要压砖头、石头或其他重物，以免掉落砸伤人。

7.震后哪些食品不能吃

（1）被污水浸泡过的食品中，除了密封完好的罐头类食品外，都不能食用。

（2）死亡的畜禽、水产品。

（3）压在地下已腐烂的蔬菜、水果。

（4）来源不明、无明确食品标志的食品。

（5）严重发霉（发霉率在30%以上）的大米、小麦、玉米、花生等。因为霉变的这些东西中含有绿曲霉素可以使人中毒，甚至致癌。

（6）不能辨认的蘑菇及其他霉变食品。

（7）加工后常温下放置4小时以上的熟食等。

地震预报我们不能苛求，房子都建成防震房子，我们也不敢奢望。我们最能做的就是教育孩子，包括"独立意志"教育、"生存能力"教育、"防震避震常识"教育、"逃生技术"培养等。

第三节　雷电

雷电发生时所产生的强电流是主要的破坏源，其危害有直接雷击、感应雷击和侵入雷（由架空线引导的）。各种照明、电讯等设施使用的架空线都可能把雷电引入室内，所以应严加防范。

一、容易发生雷击灾害的情况

雷电全国各地全年都会发生，而强雷电多发生于春夏之交和夏季。我国西南地区为雷击多发地区。

（一）雷雨天易发生雷击的场所

1. 地势较高处的建筑物，包括房屋、校舍、仓库、临时工棚等。

2. 无防雷设施的建筑物。

3. 离高大树木、电线杆等物体很近的建筑物和场所。

4. 露天游泳池、开阔的水域或小船上，树林的边缘。

5. 电线杆、旗杆、干草堆、帐篷等没有防雷装置的物体附近。

6. 铁轨、水管、煤气管、电力设备、拖拉机、摩托车等外露金属物体的旁边。

7. 孤立的烟囱或大树（山顶孤立的大树下尤其危险）。

8. 空旷地带孤零零的棚屋、岗亭等。

（二）雷雨天易引发雷击的行为

1. 大开门窗，赤脚站在地面上。

2. 接触天线、煤气管道、铁丝网、金属窗、建筑物外墙等。

3. 使用带有外接天线的收音机和电视机，拨打、接听电话。

4. 用喷头洗澡。

5. 在旷野中打伞或高举羽毛球拍、高尔夫球杆、锄头等。

6. 进行打高尔夫球、踢足球、攀登、钓鱼、游泳等户外活动。

二、学校如何预防雷击灾害

（一）学校预防雷雨灾害

1. 主动与地质、气象部门沟通，选择校址时远离风险源；给校舍安装防雷装置，并进行定期检测及维护；清除或移栽距校舍较近的高大树木、电线杆、旗杆等物体。

2. 雷雨多发地区，学校必须成立防雷领导小组，组建应急疏散组、医疗救护组、后勤保障组、宣传组、综合协调组。

3. 利用全校教职工会议、专题培训、广播、标语、黑板报、印发防雷击小报等形式，大力宣传雷电产生的原因及如何预防等知识，增强师生的防雷击意识。

4.教师要在学生中开展防雷击知识专题教育、防雷技能训练，要求学生时时警惕，尽力避免雷击事故的发生，在遇到雷电来临时能应知应会。

5.建立本校雷击防灾应急预案，组织演练；一旦发生雷击，全面启动学校雷击应急工作，指挥各专业组按预案确定的职责投入抗雷救灾。

6.在雷雨季节执行天气预报传达制度，及时向老师传达气象状况，引起师生重视，提前准备。

（二）雷雨天气的具体防雷击方法

1.雷雨天防雷击措施

（1）立即寻找避雷场所，可选择装有避雷针、钢架或钢筋混凝土的建筑物等处所，但要注意不要靠近防雷装置的任何部分；若找不到合适的避雷场所，可以蹲下，两脚并拢（防止跨步电压），双手抱膝，尽量降低身体重心；高压电线遭雷击落地时，近旁的人要保持高度警觉，当心地面"跨步电压"的电击；逃离时的正确方法是双脚并拢，跳着离开危险地带。

（2）雷电交加情况下，头、颈、手处有蚂蚁爬行的感觉，头发竖起，说明将发生雷击，应赶紧按上一条要求，做好防雷击动作，并拿掉身上佩戴的金属物品，如发卡、手表、耳环等。

（3）不要待在露天游泳池、开阔的水域或小船上，不要停留在树林的边缘。

（4）不要待在电线杆、旗杆、干草堆、帐篷等没有防雷装置的物体附近；不要靠近孤立的大树或烟囱（山顶孤立的大树边尤其危险）；不要躲进空旷地带孤零零的棚屋、岗亭里。

（5）不要停留在铁轨、水管、煤气管、电力设备、拖拉机、摩托车等外露金属物体旁边；避免开摩托车、骑自行车，更不能在雷雨中快速开摩托车、骑自行车；人在汽车里要关好车门、车窗。

（6）不宜在雷雨天中打伞或高举羽毛球拍、高尔夫球杆、锄头等；如活动中遇到雷雨天气,应立即停止打高尔夫球、踢足球、攀登、钓鱼、游泳等户外活动。

（7）多人一起在野外时，应相互拉开几米距离，不要挤在一起。

（8）身处空旷地带宜关闭手机，更不能拨打电话。

2.学校发生雷电

第二章 校园安全之自然灾害篇

加强家校联系，要求学生向家长及邻居讲解防雷击知识，让防雷击知识家喻户晓，人人皆知。学校要坚持"安全第一、预防为主"的方针，通过以上措施，增强师生防雷击的意识和预防雷击的能力，最大限度地保护师生的生命安全和学校的财产安全。

三、雷电发生前后的应急措施

（一）立即启动雷击事故应急预案。

（二）拨打120、999急救电话，并及时通知受伤学生的监护人马上赶赴现场或医院。

（三）受雷击而烧伤或严重休克的人，他的身体是不带电的，抢救时不要有顾虑，应该迅速扑灭他身上的火，实施紧急抢救；若伤者失去知觉，但有呼吸和心跳，则有可能自行恢复，应该让他舒展平卧，安静休息后再送医院治疗；若伤者已经停止呼吸和心跳，应迅速果断地交替进行口对口人工呼吸和心脏复苏术，并及时送往医院抢救，在专业医护人员未接替前救治不能停止。

（四）及时做好其他未受伤学生尤其是目击学生的心理抚慰工作。

（五）在遭受雷电灾害后，应及时向教育主管部门和气象主管机构报告灾情，并协助气象主管机构做好雷电灾害的调查、鉴定工作，分析雷电灾害事故原因，提出解决方案和措施。

第四节　雪灾　冰冻

【案例分析】

2008年，当大家都在欢天喜地地准备过年的时候，异常猛烈的暴风雪袭击了我国。湖北、江苏和安徽等地出现大到暴雪，这是我国入冬以来最大范围的雨雪天气过程。

因大面积雪灾，停电、停水，交通阻塞，大动脉断裂、电煤告急……湘粤之间运输失灵，令季节性迁移的千千万万民工，处于极度无助之中。

一、雪灾产生的原因

本文仅以 2008 年南方雪灾为例，来分析雪灾产生的原因。这次降雪有两个主要原因，分别从全球气候的宏观变化以及具体天气原因来阐述。

（一）全球气候的宏观原因

拉尼娜是指赤道太平洋东部和中部海面温度持续异常偏冷的现象（与厄尔尼诺现象正好相反），是热带海洋和大气共同作用的产物。

2008 年我国处在一个拉尼娜的状态下，就是赤道东太平洋地区的海温要比常年偏低 0.5 摄氏度，而这个现象对中国的气候影响是非常明显的，在拉尼娜现象影响下，造成东亚地区经向环流异常，这样一个环流形势非常有利于我国北方冷空气的南下。它使得我们会有一个冷冬，这也是 2008 年冬天是"冷冬"的主要原因。

（二）具体天气原因

下雪或者下雨必须满足的两个条件是：首先是来自于热带地区暖湿气流；其次是有来自于高寒地区的冷空气。

冬季降雪区域（夏季降雨区域同理）分布于锋面附近，也就是冷暖气团交界处。这个位置是不固定的，它由两种性质气团势力的强弱决定。

冷气团势力弱，锋面及降水区域偏高纬，冷气团势力强，锋面及降水区域偏低纬。冬季影响我国陆地的冷高压是中心位于蒙古、西伯利亚地区的亚洲高压（又称蒙古、西伯利亚高压），它的势力范围非常大，对我国、特别是北方地区的天气影响极大。2007 年隆冬前期影响我国的冷空气相对来说明显偏弱，次数也不多，即使有暖湿气流的配合没有冷空气也不太容易下雪。

然而进入 2008 年以来，亚洲高压非常活跃，不断形成冷气团南下影响我国，造成大范围大风降温天气，但是由于南方 2008 年的暖气团也很活跃，大量来自太平洋、印度洋的暖湿气流频频光顾南方地区，当来自蒙古、西伯利亚的强大冷气团迅速南下至南方地区，并与暖湿气团相遇后，这一冷、一暖两个正好结合在一起。

受这两个气流共同影响，2008 年 1 月在长江流域雨雪天气比较多，而且长时间维持着低温天气。如果只有强大的冷气团，而没有暖湿气团提供的大量水汽，南方只会出现大风降温天气；如果只有暖湿气团提供的大量水汽，而没有冷气团光临，则根本没有什么灾害性天气。而两者齐备的时候，灾害就降临了。

二、雪灾的危害

（一）损毁房屋、农作物

由于降雪原因，一些南方农产品被冻，或者由于交通原因不能及时运往北方，造成北方许多地区以及南方受灾地区食品供不应求或价格连续上涨。2008年雪灾造成湖南、湖北、贵州、安徽等10省区3287万人受灾，倒塌房屋3.1万间；因灾直接经济损失62.3亿元。

（二）破坏电力、通讯设备

连日的大雪、冻雨压断了电缆、压倒了电塔，寒冷天气造成用电量猛增，电力供不应求，造成部分地区大面积停电。

大雪、冻雨将中国移动的多条信号通讯塔压断，造成一些地区一段时间内手机无信号。

（三）破坏交通运输

1.电煤运输的交通问题，大秦铁路、京杭运河等公路、铁路、航空、港口的电煤运输压力增大，南方地区煤炭供应紧张，北煤南运阻力增加。

2.交通运输问题，京广线南段、沪昆线部分路段停运、多次列车晚点、广州站上万名旅客滞留、京珠高速部分路段封闭……大量旅客滞留车站和机场，长期处于饱和状态下的物流和能源系统在极端环境下已显得没有多少回旋余地。

部分农民工不能回家过年，一些农民工买不到车票，或者由于交通原因，即使有车票也因车不能正常运行而无法回家过年。

（四）影响人们健康

2008年的雨雪冰冻灾害中，大量工作人员在连日的迎战暴风雪过程中倒在了他们的工作岗位上。

三、雪灾冰冻灾害发生后应急措施

（一）关注天气情况

要密切关注广播、电视以及报纸的灾情预报，及时向师生公布灾情进展和

天气预报，确保学校师生人人做好雨雪冰冻的防范工作。

要按照当地人民政府的部署，与当地气象、公安等部门密切配合，积极做好雨雪冰冻灾害应对工作，重点做好雨雪冰冻期间师生人身和财产安全工作。要加强师生雨雪天气期间的安全教育。

（二）各校要立即启动相应预案

1. 如果发生雪灾冰冻灾害，各校要立即启动相应预案，做好雨雪冰冻灾害的应急处置工作。

2. 加强教育和监测、积极做好防护工作。各级各类学校要对师生进行防寒防冻安全教育，宣传防寒防冻安全知识，增强师生的自我保护能力；要组织专门人员对教室、学生宿舍、教工宿舍开展一次安全隐患大检查，对破损的门窗、玻璃进行修补

严格规定学生的活动范围，严禁学生到湿滑、冰冻严重的地段行走、玩耍；校领导要深入到学生寝室，了解学生床铺棉被取暖情况，督促学生注意添加衣服，预防冻伤或感冒，对衣被防冻方面有困难的学生，学校要想办法协助解决，帮助他们度过寒冬；学校要保证开水、热水供应。

3. 对因冰雪封路造成交通中断或停水停电的学校、因外出学习（见实习）被困未能按时归来的师生，教育行政部门和学校要保持与他们的联系，及时了解情况，随时采取救助措施。

要教育学生不得在寝室生火、插电取暖，严防发生火灾事故。各级教育

部门已经实行 24 小时值班制度。

【扩展阅读】

雪灾应急预案样稿

为确保×××学校雪灾各项应急工作高效、有序地进行，最大限度地减少人员伤亡和财产损失，根据市、镇政府和市教育局的有关工作指示，结合我校工作实际，特制定本预案。

一、应急机构领导小组

学校防雪灾工作在镇防雪灾领导小组的领导下组织实施。***学校防雪灾领导小组：

组长：×××（校长）

副组长：×××（书记）、×××（副校长）

组员：×××、×××、×××、及学校初中、小学部各教研组负责人。

现场总指挥由校长担任，事故急救领导小组办公室设在校长办公室。

二、主要职责

领导小组应加强领导，健全组织，强化工作职责，加强对防雪灾工作研究，完善各项应急预案的制定和各项措施的落实。

(1) 组长总负责

贯彻传达上级主管部门有关指示，研究部署防雪灾工作；

(2) 副组长负责现场管理工作。

指导落实防雪灾措施，协调消防应急行动，保持内外部联络；在应急情况下，应立即与就近卫生、安全、消防部门联系进行防雪灾抢险工作，负责调集抢险器材、设备等；24 小时安排工人值班，根据防雪灾办公室通知，随时做好电力抢修准备工作；

(3) 组员具体负责防雪灾工作的实施。

防雪灾物资的准备及调配，防雪灾设备及人员调配，并现场负责指挥和巡查相关危险部位人员、设备撤离情况，做好安全防护工作；负责与教师、家长之间的信息沟通，及时收集与发布天气情况；积极配合防雪灾领导小组的预防及救援行动，发现问题及时上报相关领导，做好工作记录；

(4) 所有人员都有保护国家和投资者财产安全、抢救伤员和防止事故扩大的义务。

三、预防、预警及响应计划

1.预防措施

(1) 领导小组成员都必须收听天气预报，尽早发现雨雪天气，发现险情，及时向防雪灾领导小组汇报，将险情消灭于萌芽状态；

（2）冬季来临必须加强学校用电设备的安全检测及防护工作，及时更换破损的线路，防止因雪灾而负重过大而引发火灾隐患；

（3）充分利用校内各种渠道进行防雪灾知识的宣传教育，组织、指导全校师生防雪灾知识的普及教育，广泛开展防雪灾中的自救和互救训练，不断提高广大师生防雪灾的意识和基本技能。

（4）认真搞好各项物资保障，严格按预案要求积极筹储，落实饮食饮水、防冻防雪、教材教具、抢险设备等物资，强化管理，使之始终保持良好战备状态。

2. 防雪灾的应急响应

应急响应工作流程图如下：

1. 接到上级指示或通知后，领导小组立即进入临战状态，依法发布有关消息和警报，全面组织各项防雪灾工作。各有关组织随时准备执行防雪灾任务。

2. 组织有关人员对所属建筑进行全面检查，封堵、关闭危险场所，停止各项室内大型活动。

3. 加强对易燃易爆物品、有毒有害化学品的管理，加强对大型锅炉、供电输电、机房机库等重要设备、场所的防护，保证防雪灾工作顺利进行。

4. 加强广大师生宣传教育，做好师生、学生家长思想稳定工作。

5. 加强各类值班值勤，保持通信畅通，全力维护正常教学、工作和生活秩序。

6. 按预案落实各项物资准备。

7. 领导小组在上级统一组织指挥下，迅速组织抢险救灾。

(1)迅速发出紧急警报，组织滞留在各种危险建筑物内的所有人员撤离。

(2)迅速关闭、切断输电、供水系统(应急照明系统除外)和各种明火，防止雪灾后滋生其他灾害。

(3)迅速开展以抢救人员为主要内容的现场救护工作，及时将受伤人员转移并送至附近救护站抢救。

(4)加强对重要设备、重要物品和历史文物的救护和保护，加强校园值班值勤和巡逻，防止各类犯罪活动。

8. 采取一切必要手段，组织各方面力量全面进行防雪灾工作，把雪灾造成的损失降到最低点。

9. 调动一切积极因素，迅速恢复教育教学秩序，全面保证和促进社会安全稳定。

10. 迅速了解和掌握本校受灾情况，及时汇总上报。

11. 做好雪灾后处理、统计、总结工作。

12.雪灾过后，做好防水、防洪预案及相关工作的部署。

四、其他

1.进入防雪灾紧急状态后，学校防雪灾领导小组将通过电话、口授等形式传达各种命令、指示。

2.在防雪灾应急行动中，全校师生要密切配合，服从指挥，确保政令畅通和各项工作落实。

3.本预案从 xxx 年 xxx 月 xxx 日起正式施行。

第三章 校园安全之人为伤害篇

校园本该是"纯净、安宁"的代名词，但是随着近年来校园暴力事件数量不断增加，校园暴力事件性质的恶劣程度不断加剧，人们不无忧虑地发现，原本应该用美好、纯真等词来形容的花季少年，却越来越多地与暴力、喋血、行凶、杀人等词联系在一起。因此教育者、家长、社会应当越来越重视校园暴力的预防、整治工作了。

第一节 校园暴力

校园暴力，是指行为人在校园内或校园附近对在校人员进行的产生了不良后果的行为，这些行为多以暴力性的侮辱、抢劫、强奸、甚至是肉体上的虐待为特征。校园暴力给在校人员的精神、身体造成了一定的伤害。

校园暴力的行为人既可以是老师、学生、也可以是社会上的青少年。受害人一般是在校学生和老师。校园暴力的发生地不一定是学校，也可能是校园以外的场地。校园暴力既可以对身体也可以对精神造成严重损害。

一、管教与体罚

【案例分析】

小学生被迫露臀罚跑

2011年11月，网络上盛传一组小学生脱裤子在操场跑步的照片，小学生脱裤子跑步也就算了，旁边竟然还有女孩子监督，这一幕就发生在2011年10月31日上午八点左右的浙江省慈溪市坎墩街道太阳希望小学里。只因三个男孩子上课不遵守课堂纪律，就受到了这样的体罚。

不可否认，小学生爱玩是天性，小孩子的调皮行为在小学课堂上比比皆是，孩子犯了错误是应该受到教育，可是如此的教育不知道有没有考虑孩子幼小心灵的承受能力。不管出于何种原因，这样的体罚最终伤害的不仅仅是孩子幼小的心灵，也损害到了老师教书育人的美好形象。此次体罚的始作俑者是一位年仅20岁年轻女教师，她采取这样的体罚方式摧残了三个如花朵般小孩子的幼小心灵。

在孩子教育一再被重视的今天，这些体罚早已被取缔，老师更多的是采取批评教育、了解孩子的心理状况，从而进一步引导孩子向好的方面发展，可是这个年轻女教师的做法不得不让我们深思，难道我们的教育体罚是在升级吗？难道打手心罚站这些已经过时不用了么？现在要采取新的体罚制度了吗？难道教育的体罚制度也在与时俱进吗？

本文搜集了大量教师体罚学生的"绝招"：教师体罚学生导致学生患上精神病；吞吃大粪；背不出口诀被烫伤；当众脱裤子；耳膜被打穿；被迫喝下"颜料水"；蹲着听课；180记耳光；舔屁股思过；活吞苍蝇；"差生"伺候"优生"吃饭。具体案例参见章后"附录1（教师体罚学生案例）"。

（一）体罚学生的危害

1. 侵犯了学生的健康权身体权

健康权是指自然人依法享有的以保持其身体机能安全为内容的权利。健康包括肉体组织和生理及心理机能三方面，无论对哪一方面的侵害都构成对自然人健康的侵害。

所谓身体权，是指以自然人保持其身体组织器官的完整性为内容的权利。健康权和身体权是每一个人都拥有的基本权利。我国《民法通则》第98条明确规定，公民享有生命健康权。

健康权、身体权属于公民基本权利之一，我国法律规定，对侵犯健康权的，应当承担损害赔偿责任或者其他民事责任。

青少年正处于身心发育的关键阶段，保护青少年学生的身心健康具有尤为重要的意义。我国不少法律都规定，教师应当关心、爱护学生，尊重学生人格，促进学生在品德、智力、体质等方面全面发展。对于不听话、学习不上进的，教师应当耐心教育、帮助，而绝不能粗暴地采用打骂的办法。

2. 侵犯了学生的人格尊严

我国公民人格尊严受我国宪法的保护，同时，我国《民法通则》也规定，公民享有名誉权，公民的人格尊严受法律保护，禁止用侮辱、诽谤等方式损害公民的名誉。

体罚学生也是侵犯学生人格尊严的行为，我国有关教育法规和未成年人保护法都有专门规定禁止体罚学生的具体条款。

例如，学生王某上课吃东西，教师张某让他把东西吐出来，王某不听，张某便打了王某几个嘴巴。课后把王某叫到办公室训斥时，再次责打王某。张某的行为侵犯了学生的人格尊严，违反了法律的规定，应当承担一定的责任。

3. 对学生心灵造成了不可磨灭的伤害

身体生理方面的伤害可能很快就会痊愈了，但是体罚事件对学生心灵的伤害是难以磨灭的。很多被体罚过的学生都反映有不同程度的"学校恐惧症"，他们很多时候会因为心理原因导致焦虑、抑郁、离群等。这也是为什么体罚事件发生以后要成立心理疏导小组。

（二）我国关于"管教与体罚"的相关法规

1.《中华人民共和国未成年人保护法》第15条："学校、幼儿园的教职员应当尊重未成年人的人格尊严，不得对未成年学生和儿童实施体罚、变相体罚或者其他侮辱人格尊严的行为。"

2.《中华人民共和国未成年人保护法》第46条："未成年人的合法权益受到侵害的，被侵害人或者其监护人有权要求有关主管部门处理，或者依法向人民法院提起诉讼。"

《中华人民共和国未成年人保护法》第48条："学校、幼儿园、托儿所的教职员对未成年学生和儿童实施体罚或者变相体罚，情节严重的，由其所在单位或上级机关给予行政处分。"

3.《中华人民共和国刑法》第234条："故意伤害他人身体的，处三年以下有期徒刑、拘役或者管制。犯前款罪，致人重伤的，处三年以上十年以下有

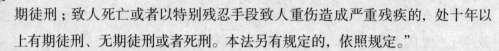

期徒刑；致人死亡或者以特别残忍手段致人重伤造成严重残疾的，处十年以上有期徒刑、无期徒刑或者死刑。本法另有规定的，依照规定。"

4.《中华人民共和国刑法》第235条："过失伤害他人致人重伤的，处三年以下有期徒刑或者拘役，本法另有规定的，依照规定。"

5.《中华人民共和国教师法》第37条："教师有下列情形之一的，由所在学校、其他教育机构或者教育行政部门给予行政处分或者解聘：

（1）故意不完成教育教学任务，给教学工作造成损失的；

（2）体罚学生，经教育不改的；

（3）品行不良侮辱学生，影响恶劣的。

教师有前款第（二）项、第（三）项所列情形之一，情节严重，构成犯罪的，依法追究刑事责任。"

6.《中华人民共和国义务教育法》第16条规定，禁止体罚学生。

7.《宪法》第38条："中华人民共和国的人格尊严不受侵犯。禁止用任何方式对公民进行侮辱、诽谤和诬告陷害"。

（三）体罚事件中教师、学校应负责任

1.体罚事件中的参与教师应当负一定的行政责任

教育部《学生伤害事故处理办法》规定，发生学生伤害事故后，经调查认定学校负有责任的，教育行政部门可以依法对学校及有关责任人员予以行政处分、行政处罚；我国《义务教育法》、《〈义务教育法〉实施细则》也规定，体罚学生的，视其情节轻重，予以一定的行政处分。

2.学校应当承担一定的民事责任。

"有损害就有赔偿"。我国《民法通则》规定，公民、法人侵犯他人人身、财产权利，具有过错的，应当承担民事责任。《中华人民共和国未成年人保护法》规定，侵害未成年人合法权益，对其造成财产损失或者其他损害、损失的，应当承担赔偿责任或者其他民事责任。在上述案件中，教师张某管教不遵守课堂纪律的学生，属职务行为，所以应由学校直接承担赔偿责任和其他民事责任，在学校赔偿后，可以向张某追偿，因为张某的行为是存在过错的。

（四）校园管教与体罚事件预防策略

"鞭子本姓竹，不打书不读，不打不成才，一打分数来"。这就是传统教育模式下的体罚者宣言。这一古老的教育方式在今天的课堂中仍然具有鲜活的生命力，体罚学生的事件仍屡禁不止，就像白居易笔下的野草一样"野火烧不尽，春风吹又生"。造成体罚学生的原因是方方面面的，既与学校的管理有关，与学生有关，更与教师心理健康、法治意识、传统观念和当前教育的"指挥棒"有关。针对这一特点，学校采取如下预防措施：

1.优化教师心理环境

优化教师心理环境首先要给教师减负，从生理到心理的 全方位"解放"其次要摆正教师的位置、心态,强调教师与学生做朋友。要做到"心肠热"而"头脑冷" 要有热心、信心、恒心。

（1）开设心理健康课

学校可以利用业余时间或寒暑假，利用继续教育的形式让教师接受专门的心理健康教育。通过这种形式，帮助教师了解心理科学知识，掌握一定的心理调节技术，并对其进行心理上的调节和训练。

（2）建立心理健康筛查制度

教育主管部门可成立专门机构，聘请专业人员，采用通用的检测量表或指标体系对中小学教师进行心理健康状况的测验，并建立档案。使教师在了解自己的基础上完善自我。

（3）设立心理咨询热线

开展心理咨询与治疗服务，针对有些教师碍于脸面或保护教师隐私等原因，可采用咨询热线、信箱等方式，进一步减轻教师的心理负担。

2.加强师德师风建设

（1）通过运用校广播站、校多媒体教室、宣传栏、观摩课等多种形式进行师德师风理论学习宣传，从而达到强化师德师风的目的。

（2）以年级（或教研组）为单位组织进行师德学习，每周一次，要求教师有笔记，有心得体会。以年级（或教研组）为单位开专栏、园地进行师德师风宣传。开展"师德师风"演讲比赛，促进教师的师德师风的转变；开展教师形象大赛，用比赛的形式有力地促进教师新形象的形成。

3. 建立"维权"预防网络

（1）强监督，各校设立"维权机构"

由法律服务机构、家长委员会、教代会、学生会联合组成学生维权监督机构，向社会公开维权内容、维权热线电话、单位地址和负责人，做到机构人员落实、维权效果落实和档案资料落实。依法维护学生合法权益，为他们的成长和发展提供有效的法律服务、心理咨询及其他帮助，努力营造有利于师生健康成长的良好社会环境。

（2）重维权，聘监督员提供援助

学生维权监督员原则上在"学生维权机构"中产生，也可聘请热心学生工作的社会各界人士。对不利于学生健康成长及侵害学生合法权益的行为进行监督管制。了解掌握学生的情况，及时向维权机构反映。积极为权益受到侵害的学生提供法律援助，维护学生的合法权益。

（3）严惩处，促使教师"引以为戒"

要对教师的教育作风建立考核制度，制定奖惩条例，发挥制度的激励和约束作用。考核要严格绝不迁就，让广大教师引以为戒，严以律己。另外，对于极少数师德不良、社会影响恶劣的教师，要坚决从教师队伍中清除出去。

4. 结合体罚现象特点，实行评价动态管理

传统的"教师负责制"遭到质疑，在民主、平等的呼声一浪高过一浪的今天，体罚学生现象的特点也发生了一些变化。开始由"地面战"转入"地道战"。由"体罚"向"变相体罚"过渡。由演"独角戏"转变为演"双簧"。开始误导学生，教其说谎，为体罚现象遮丑。

（1）确立领导监督制。组长、副组长随时抽查，临时深入各班"突然袭击"，检查教师体罚学生的情况等。

（2）领导检查定时制。建立"师德师风档案"，对教师进行定量与定性评比相结合的评定，记录教师在"师德师风建设"中的成绩和不足。不足之处给予书面通知。督促教师改正，以达到提高"师德师风"水平的目的。

（3）实行教师间自评。以年级（或教研组）为单位实行先自评后互评，集体找到教师间被忽略以及容易忽略的问题，引起大家的注意。年级（或教研组）

以书面报告的形式反映存在的问题，并上交领导小组。

（4）实行学生评教师制度。采用匿名问卷调查的形式，面向全校学生，以班（或年级）为单位评价教师，并让学生提出对教师的要求。

（5）实行家长评教师制度。家长会期间，采用匿名问卷调查形式，由领导小组成员深入各班级发放调查表，收取调查表，做到家长与被评教师完全隔离，给家长们一个自由评议空间。

5.完善违纪学生惩罚制度

长期以来，有些"教育专家"认为既然是"教育"，就是"和颜悦色"、"润物细无声"、"循循善诱"。但许多老师显然还没有修炼到面对"猖狂"的学生时能够"面不改色心不跳"的程度。当一些学生光靠说服教育很难奏效、甚至无效时，学校应出台相应的惩罚制度。

（1）确立学生违纪惩戒制度

各校针对学生重大违纪特点，结合当地教育现状提出相应的惩戒细则（或惩戒措施），交家长委员会、教代会、学生会讨论通过，并交上级主管部门及相应法律服务机构等进行审核、通过。也可在班内制订一些行之有效的纪律（如魏书生："对于迟到的同学的处理就在休息时给大家唱一首歌，稍严重的违纪就要求学生做一件好事"等），由学生自己讨论通过，借助集体力量来约束学生。

（2）设矫正中心

由家长委员会、教代会、学生会共同选举代表产生。对于重大违纪，攻击性强的中学生可交由"矫正中心"矫正（或"道德法庭"审理）。必要时还可以邀请家长参加，进行矫正。

矫正攻击性行为有效的方法主要有：创设适宜的环境；教会他们宣泄侵犯性情感；干预他们的侵犯事实；培养他们的自我控制能力；心理调节法；自我教育法；增加学校生活的吸引力；开展青春期教育。家长还可以通过奖励、批评教育、沟通等对其进行矫正。总之，学校、社会、家庭三者密切合作，协调教育，根据学生心理发展规律，耐心、细致地做工作，以转化学生的不良行为。

二、校内学生暴力及外来暴力

校园暴力多是同学间欺负弱小的欺凌行为，校园欺凌多发生在中小学，由于很多国家实行多是九年制的义务教育制度，受害者会长期受到欺凌。

欺凌过程，蕴藏着一个复杂的互动状态，欺负同学会对同学构成心理问题，影响健康，甚至影响人格发展。

校园暴力的危害概括起来有以下几点：

其一，严重影响和干扰正常学习和生活；

其二，不仅使受害者身体受伤，而且心灵受到创伤；

其三，使人形成以强凌弱的暴力意识，演化为暴力犯罪行为；

其四，学校纪律遭到破坏，法律法规尊严得不到维护。

（一）校内暴力

【案例分析】

案例一

以多欺少、以大欺小

因为简单的一句话，小丽误以为舍友小雪冤枉自己偷内衣，她和九名女生一起殴打小雪超过 5 个小时，强迫其脱下裤子暴露下身，并用手机拍下施暴与受辱的照片和视频。这是 2011 年网络上疯传的一组照片。

案例二

以暴制暴

一个初二学生用一把削笔刀杀死两名同学，刺伤四名同学。据说被刺杀的几名学生中有人曾向凶犯索要"保护费"。

案例三

勒索财物，不给就拳打脚踢、威逼利诱

一位初一女生在玩游戏机时，同学向她借币，她不肯便受到殴打，致使脾脏破裂。

最近一段时间，对于有关"校园暴力"事件的报道相当多，手段之凶狠，性质之恶劣程度令人发指。新时期校园暴力形式更是不断升级，其表现多为以下三种形式：

1. 语言暴力

语言暴力指包括起侮辱性外号、造谣污蔑等一系列对学生精神达到某种程度的侵害的行为。

2. 力量暴力

力量暴力主要指包括校园凶杀、打架斗殴、抢东西、强索钱财、毁坏物品等一系列对学生身体及精神达到某种程度的侵害行为。力量暴力是校园暴力现象比语言暴力次之的暴力行为。由于中小学生在校时间非常长，因此遭受暴力侵害历时也非常长，这样一来，就可能使受害者形成反社会人格。对施暴者可能导致成人后走上犯罪的道路，这些人很难获得社会的认可，社会归属感长期得不到满足。

3. 心理暴力

心理暴力主要指包括孤立、侮辱人格等一系列对学生的精神造成某种伤害的行为。

校内暴力事件频发，不仅与中小学生生理、心理发展特点有关，更与学校教师的态度有关。

（二）外来暴力

近几年来，不法分子侵入校园寻衅滋事的案件时有发生，严重破坏了学校正常的教育教学秩序，师生的安全受到威胁。

【案例分析】

案例一

宿舍飞来横祸

17 岁的小亮在郑州商贸技师学院读书，竟在寝室内被 8 人殴打，打人者中有 3 人是校外人员。小亮的头部和四肢被打伤，需住院治疗。

小亮是与一名学生发生摩擦后被打，学校已通知打人学生的家长来学校，和被打者协商，以解决问题。谈到为何有校外人员参与寝室打人的事情，侯某说 3 人是翻越围墙进入校园的，他承认学校在管理方面有漏洞，并愿意协助李先生做好打人事件的处理情况。

案例二

10 余人冲进教室殴打学生砍伤劝架者

2007 年 11 月 30 日，崇明堡镇中学的学生正在上自习课期间，教室里没有老师，大概 15 点 50 分时，忽然冲进来十几个身份不明的校外人员，分两批将教室前后门堵住，然后揪出班上一名同学对其拳打脚踢，班上的其他同学都被吓呆了，无人敢上前制止。

被打学生的同班同学杨欢和另一位同学出于义愤上前劝止，不想善意举动竟然招致对方更加疯狂的行为。对方从身上拔出砍刀向他们砍来，结果另一名同学的手被砍伤，而杨欢双手及背上被砍了 3 刀，浑身鲜血淋漓，其中砍在右手的一刀最为严重，4 根筋脉被直接砍断。这时，老师赶到教室，大声呼救，对方见势不妙，全部逃走。

事发后，校方将被砍学生紧急送往附近医院，而杨欢由于伤势严重，被连夜送往市第六人民医院进行抢救。当日 20 点 30 分院方进行急救手术，杨欢右手断筋被续上，背部伤口被缝 8 针。到次日凌晨过后，伤情才有所稳定。

案例三

校外人员闯进教室打伤学生 施暴者不到 18 岁

一名 11 岁的小学生乐乐在教室写作业，两名校外青年闯进教室将他打伤。就读于杜城小学的乐乐回忆说："当时教室里还有 10 多个同学，我正在抄写家庭作业。他们两个人走进教室，一个在我的头上打了一拳，一个在我右眼睛上打了一拳。这两个人我认识，都是杜城村人。就在几天前，这两人曾拦住我要钱，当时我没有给。上周五放学后，这伙人在校外拦住我，揍了我一顿。"

乐乐被打的情况已经不是第一次发生了，而且乐乐班上其他同学也被这两个人打过。同住在杜城村的何先生说，他的孩子和乐乐是一个班的，就在不久前，孩子偷了家里 100 元钱给了这两个人。孩子说，这两个人经常在学校门口拦住学生要钱，不给就打。

遭遇暴力侵害，学生应当如何应对呢？概括讲学生应当做到：面对有暴力倾向的同学，不能太软弱，应当振作精神，自强不息，团结同学，选择合适的文体活动；上下学的路上和在学校不要落单；学会相应的自卫策略。更具体点说，应当采取以下措施：

1. 面对邪恶，勇敢担当

遭遇暴力事件时，要义正词严，当场喝止以免发生意外。如果喝止不奏效，应紧急求援；虚张声势，巧妙周旋主动避开，脱离危险。

2. 审时度势，保持头脑清醒

应当积极谨慎地和周围的人和事接触，学习交往，学习自我保护，增强心理承受力。

3. 男女同学洁身自好

不仅仅是女孩子要洁身自好，男孩子也要注意自己言行，不给居心叵测的人可乘之机。男生要理解女生心理一般特点；要主动关心帮助女生；要有保护女生的责任；要自觉抵制黄色诱惑；要有道德规范自制能力。

女生要举止端庄得体；要理智谢绝异性爱慕和追求；要拒绝任何金钱物质的引诱；要识别抵制异性的挑逗；要分辨学生适宜和不适宜的场所。

4. 师长榜样示范

家长和教师表现出的观察的敏锐、判断的清醒、处理的果断、方式的灵活，都会给孩子以鼓舞、启迪。同龄人的机智、勇敢、镇定、坚毅等英雄行为，更会引起学生的羡慕和仿效。需要指出的是，自我保护含有群体的相互保护。我们提倡敢于向坏人坏事做斗争，要有相互救护的常识、能力和训练。

（三）校园暴力和非法入侵事件的防范及应急处置预案

教育部 2010 年 5 月召开专门会议，进一步研究部署校园安全工作。要求立即开展拉网式排查，组织领导干部深入每一所学校和幼儿园，落实安全防范措施，及时发现问题，堵塞漏洞。

校园暴力和非法入侵事件应急安全工作是学校各项工作顺利开展的保障，是教育事业稳定发展的前提。依据市、区、街道总体应急预案、学校校园突发事件综合应急预案，以及教育、应急管理部门加强学校安全工作有关精神，为维护学校正常教学秩序，保障校内师生生命、财产安全，最大限度地预防、减少校园暴力和非法入侵事件的发生，特制定本应急处置预案。

1. 贯彻预防为主的方针

（1）加强领导，健全组织，强化工作职责，制定应急预案和落实各项措施，完善工作机制和应急保障系统。

（2）办公室做好预案的发放、登记、修改和重新修订，定期组织教职工学习应急预案的内容；加强对教职工安全教育，增强责任意识和法治意识。

（3）德育部门要加强对学生行为规范教育、安全教育、增强学生的自我保护意识。加强对学生干部教育，切实执行报告制度。

（4）后勤部门要经常性地对学校保安进行教育，严格执行保安巡逻制度和进出校门的规定，严防不法分子进入校内。

（5）后勤部门确保校车在校，司机值班，校医室常备一定应急医疗物资；德育部门确保医生值班。

（6）教学部门加强课堂和晚自习的管理，执行考勤制度；值班教师发现有学生缺勤要及时登记，并通知班主任。

（7）值日行政履行值日工作职责，坚守学校，有事外出必须告知另外的值日行政，或请其他行政代为履行值日工作职责。

（8）办公室印制全校教师通讯录，年级组印制年级班主任通讯录，并定期核对电话号码，所有行政、年级主任、班主任、值班人员确保24小时内通讯录中能有一个电话畅通。年级组收集各班学生家长通讯录，并送交电子文档到校医室电脑储存。班主任要在身边常备家长通讯录。

（9）加强门卫监管力度

有专家指出，很多校园治安突发事件的发生，就是因为没有严格的门卫制度和保安巡查制度，使得一些不法分子溜进校园，向手无寸铁的学生发泄，报复社会。所以严格门卫制度，是加强学校治安的必备条件之一。

目前，中小学安全防范任务的繁重和安全保卫力量明显薄弱的矛盾较为突出，由于受经费、编制等多种因素的制约，安全保卫无机构、无人员、兼职多、专职少的学校较为普遍。

2. 应急响应过程

（1）接警与通知

事故发生后，在场人员（包括行政、教师、职工、学生）必须立即将所发生的事故情况报告校长，校长必须掌握的情况有：事故发生的时间与地点、种类、强度、危害；在基本掌握事故情况后，首先通知德育副校长、值日行政赶赴现场，拨打 110 电话报警，通知门卫封锁大门。然后通知各工作组组长立即启动应急预案。值日行政和德育部门领导必须立即赶赴现场组织处理。

校长还要将事故有关情况上报教育局、医疗机构，通报应该包括以下信息：发生事故的学校名称和地址；通报人的姓名和电话号码；事故发生的时间与地点、种类、程度、危害；已采取和准备采取的应急行动。

（2）现场应急抢救、现场保护

1）组长在赶赴现场途中，为保证报警确实奏效，再次拨打 110 报警电话和门卫电话，并拨打电话通知小组成员赶赴现场。

2）如果正在实施绑架，在场人员(包括行政、教师、职工、)应再次拨打 110 报警电话，命令其余学生迅速回避到教室，关好门窗，不得围观。尽可能通过谈判，组织保安人员与之对峙，拖延时间，等待警察到达现场。如果绑架人员威胁杀人要求放行，要记下车牌号码、绑架人员特征，为保学生生命安全应予放行。

3）如果凶手已逃走，学生已受重伤，在场行政、教师对受伤学生进行救护处置，抢救小组组长马上通知本校司机或拨打 120 急救电话将学生送往医院救治，受伤人员较多时，由副组长通知本校教师动用其私人小车运送学生。在急救车到达前，校医负责对受伤学生救护处置。组长通知学校门卫要确保急救车进校后有人引导。急救车到达后，组长应立刻向急救人员报告情况，派班主任和校医随车参与救治。在抢救的同时，要严格保护现场，妥善保存现场重要痕迹、物证，拨打 110 报警电话，等待警察到来。班主任及时通知家长事故的情况和学生被送往医院的地址，请家长到医院。

4)如果学生已死亡，则主要是严格保护现场，妥善保存现场重要痕迹、物证，拨打 110 报警电话，等待警察到来。

（3）联络、教育

1）接到校长通知启动预案后，办公室在 24 小时内写出书面报告，报告内容包括：发生事故的时间、地点；事故的简要经过、伤亡人数；事故原因、性质的初步判断；事故抢救处理的情况和采取的措施；需要有关部门和单位协

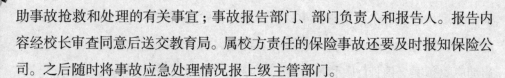

助事故抢救和处理的有关事宜；事故报告部门、部门负责人和报告人。报告内容经校长审查同意后送交教育局。属校方责任的保险事故还要及时报知保险公司。之后随时将事故应急处理情况报上级主管部门。

2）办公室主任和年级主任、班主任分别做好教师和学生教育工作，稳定师生情绪，要求各类人员绝对不能以个人名义向外扩散消息，以免引起不必要的混乱；对情绪反应较大者安排心理教师进行辅导；如有新闻媒体要求采访，必须经过校长或上级部门同意，由小组统一对外发布消息。未经同意，任何单位和个人不得接受采访，以避免报道失实。

3）办公室参与事故调查处理工作，负责写出书面报告。

（4）家长接待和后勤支援

1）看望、援助、救助伤亡学生家庭。如有个别家长来访，教务处、保卫处、班主任做好家长的思想工作和接待工作。

2）要依法调解安抚，不要信口开河，随心所欲，掌握合法、合理、合情的原则。不留尾巴；不搞分段解决。学校在无力调解学生意外伤害事故处理时，组长报请上级部门介入调解解决。

3）事故处理结尾阶段，起草《协议书》。《协议书》要写清协议双方的身份；学生事故的简要经过，包括事发时间、地点、双方达成的补偿协议；双方签名等内容。整理病历卡复印件、医药费发票原件和复印件报保险公司理赔。

4）保卫处要组织保安人员严格核查外来人员身份，不准非当事人家长和闲人进入校园，保证校园的治安秩序的稳定。根据教育部《学生伤害事故的处理办法》有关条款规定，在事故处理过程中，受伤害学生的监护人、亲属或其他有关人员，在事故处理过程中无理取闹，扰乱学校正常教育教学秩序，或者侵犯学校、教师或者其他工作人员权益的，应当报告公安机关依法处理。

（5）事故调查

1）配合上级部门进行事故处理及调查工作。调查事故原因，整理事故记录，形成书面报告。

2）向教育局报告事故处理结果。对违反本预案、不履行应急救援工作的、发布假消息的、不服从应急救援指挥的人员进行处分，构成犯罪的，移送司法机关依法追究刑事责任。

3）总结经验教训，查找制度、政策、设施等存在的问题，制定防范措施。

各学校职能部门要坚决防止不法分子进入校园制造事端，健全学校保卫组织，充实校园保卫力量，配备必要的防护装备，加强校门保卫、校内巡逻和安全检查，尤其要加强农村寄宿制学校夜间值班和巡逻；同时，协调公安部门在校园周边治安复杂地区设立警务室或治安岗亭，完善中小学兼职法制副校长和治安联络员制度。

第二节　校园盗窃行为

【案例分析】

小亮，男，11岁，是一名小学四年级学生，曾经留级一年。父母长期分居，与爷爷奶奶一起居住。且父亲在外地做生意，家庭条件较好。与父亲在一起的时间很少，偶尔和母亲生活。也正因为这样，父母往往都会尽量满足他的要求。小亮在校成绩一般，平时表现积极。

小亮在学校里曾多次利用中午吃饭时间偷取同学的玩具等物品以及零用钱，有时候甚至到办公室偷取老师的钱物，并将偷来的钱乱花出去，或者买些东西送给同学，"笼络"他们。当被问到是否是他"拿"了别人的东西的时候，他往往否认几句之后就会承认是自己所为，以致现在同学们不管少了什么东西都会首先想到是小亮干的。

小亮的爸爸说："我们平时也比较忙，对小亮关心不够。小亮在学校偷东西，我们也很着急，但也没什么办法。小亮以前在别的学校上学时，也曾出现过偷同学橡皮之类的情况，为此他和小亮的母亲伤透了脑筋，打过、骂过，每次都忏悔说不敢了，但没过多久就故态复萌。"

校园盗窃案件的频繁发生，给学校及师生造成了大量的财物损失，严重影响了师生的正常工作、学习，更扰乱了学校的教学秩序。

一、校园盗窃概述

盗窃案件，是指以非法占有为目的，私下窃取公私财物的案件，这也是学校保卫工作中最常见的一种案件。随着时代的进步，家长对学校要求越来越高。另外由于学校扩建、改建工程的增多，致使在校学生和"四工"人员大量增加。

第三章　校园安全之人为伤害篇

学校周边商铺林立、环境复杂，加上部分师生安全意识淡薄，疏于防范，致使各类案件屡屡发生，盗窃案件尤为突出。

(一) 校园盗窃案频发的原因

校园盗窃案件发生的原因很多，大致有以下几种原因：

1. 环境混乱，治安复杂

学校周边商店、饭馆、网吧等商铺林立，马路上摆摊设点，从业人员复杂，周边环境可谓是相当混乱。有的校园周边人员混进校园，因熟悉环境，常伺机盗窃作案。近年来，党和政府曾多次下文整顿校园周边治安环境，说明日益复杂的周边治安环境对校园安全影响很大。

2. 学校扩招，素质不齐

学校扩招和办学形式的多样化，使更多适龄个体能够有机会接受教育。但学校降低了入学门槛，生源素质参差不齐，有的学生放松对自己的约束，伸手偷盗，走上犯罪道路。

3. 制度不严，管理松懈

校园的保卫部门虽制定了较为全面的安全管理制度，但在实际工作中，常出现执法不严、管理松懈的问题。有些制度过于原则，无具体实施办法，有些制度在量化考核、奖惩方面存在缺陷，有的工作人员责任心不强，少数人员年龄偏大，这些都给不法分子以可乘之机，致使闲杂人员混入校园，伺机作案。

4. 意识淡薄，疏于防范

安全意识淡薄、疏于防范是造成校园盗窃案件多发的又一重要原因。学校有的外出不关门，现金、手机、电脑等贵重物品到处乱放，开门睡觉，门锁坏了不及时修理，门窗不牢，钥匙保管不当，对外来人员不闻不问。缺乏应有的警惕性，有的师生交友不慎，引狼入室，致使盗窃案件频发。

5. 自我管理能力差

有些学生在上课或到教室自习时，喜欢携带随身听、复读机、MP3 播放器、手机等贵重物品及现金，课间休息或放学后，将上述钱物随意放在教室书包内，给行窃者以可乘之机。又因人员较乱或教室无人，使得校园盗窃案件侦破起来非常困难。

6.交叉感染，恶性循环

从许多盗窃案件来看，有些盗窃行为具有明显的内部成员所为的特征。有些学生明知是谁偷了自己的钱物，但不愿向保卫部门报案和提供线索。由于没有及时对这种现象加以制止，在一定范围内形成恶性循环。

（二）常见校园盗窃的方式及手段

纵观以往发生在校园的盗窃案件，可以看出盗窃分子在作案前或作案过程中惯用伎俩有如下几种：

1.借口找人，投石问路。外来人员流窜盗窃，首先要摸清情况。包括时间、地点、治安防范措施等。往往以借口找人为由打探虚实，一旦有机会就立即下手。

2.乱闯乱窜，乘虚而入。有些犯罪分子急于得到财物，根本不"踩点"，而是以找人、借东西为由，不宜下手就道歉告退，如有机会立即行窃。

3.见财起意，顺手牵羊。有些偶然的机会，使盗窃分子有机可乘。看见别人的摩托车、自行车没锁，顺手盗走。趁宿舍内无人，将他人放在床上的钱物窃为己有。这也是校园盗窃案件发生的主要原因。

4.伪装老实，隐蔽作案。个别人从表面看为人老实，工作、学习积极，实为用此作掩护，作案后不会被人怀疑。

5.调虎离山，趁机盗窃。有些人故意提供虚假"信息"诱你离开宿舍，然后趁室内无人行窃。

6.浑水摸鱼，就地取"财"。宿舍内发生意外情况或学校组织大型活动时，乘人不备，进行盗窃。

7.里应外合，勾结作案。学校学生勾结外来人员，利用学生情况熟的特点，合伙作案。

8.撬门拧锁，胆大妄为。不法分子趁学生上课、假期宿舍无人等时机，大胆撬门拧锁，入室盗窃。

（三）校园如何防盗

1.宿舍防盗

（1）严格宿舍楼管理制度，强化值班人员责任心。对外来人员要有登记，防止不法分子混入宿舍。

（2）妥善保管好贵重物品。将贵重物品锁入小柜，或随身携带，室内无人时要锁门、关窗。

（3）现金存入学校银行，存折加密。密码、存折、身份证等要分开存放，不要将密码告知他人。也不要将存折密码设为自己的手机号码、身份证号或者其他证件号。

（4）年轻人热情好客很正常，但不可违反《学生公寓管理规定》，不随意留宿他人，对外来人员要提高警惕、加强防范。更不能丧失警惕，引狼入室。

（5）同学之间搞好团结，互相关心、互相帮助。发现异常情况，及时向有关部门报告，对形迹可疑的陌生人应高度警惕。

外来人员在宿舍里盗窃，有的是兜售物品的商贩，见宿舍管理松懈，进出方便，房门大开，往往顺手牵羊偷走钱财；有的是盗贼预先进宿舍"踩点"，摸清了情况，看准机会，就撬门扭锁大肆盗窃；还有盗窃学生宿舍的惯犯，打扮成学生模样在宿舍内乱串，一遇到机会就大捞一把。

不管是哪一类型的盗窃分子，都有在宿舍里四处走动、窥测张望、神情紧张等共同特点，见到这类形迹可疑的陌生人，只要学生多加询问，就会让犯罪嫌疑人露出狐狸尾巴。即使不能当场抓住，也使盗窃分子感到无机可乘，不敢贸然动手，客观上起到了预防作用。

（6）养成外出、睡觉随手关闭、检查门窗的习惯。晚间若一定要开窗通风或睡觉，在窗口放一些多刺的植物或者风铃、酒瓶等，可起到惊醒主人、吓退盗贼的效果。

2. 保护好自己的财物

生活中好多人常因为自己的钱包没有保管好而被盗，这不仅造成了不必要的损失，也给自己的生活带来不便，因此人们在防范钱包被盗时，应做到以下几点：

（1）外出时身上带一些钱是必要的，但也不是越多越好，要根据外出办事的需要来决定，以免遭扒窃后损失惨重；

（2）到外地去尽量不要带大笔现金，可使用信用卡购物。如果身上确实需要带较多现金，可将少量现金放在钱包内。其余现金要分开存放；

（3）不要将现金和各种证件、身份证明放在一个钱包内或一个口袋里；

（4）外出要保管好钱包，尤其是人多拥挤时更要注意，要防止有人乱中作案；

（5）在购买东西或打开钱包时，千万要注意钱包，付款后一定要把钱和钱包收好再走；

（6）女性手拿的小钱包在公共场所不要随意放置，一般坐下后应放在自己的膝上，离开时要记住带走；

（7）去公共浴室一般不要带钱包，外出夜宿旅馆不要将钱包放在桌上或枕头下，因为这些地方是不法分子经常光顾的地方。

3. 教室防盗

（1）不要随意将随身听、复读机、MP3 播放器等贵重物品及现金放在教室，课间休息时要随身携带，以防被盗。

（2）下课后将书包背回宿舍，不要图方便放于教室内，以防物品丢失。

4. 自行车防盗

（1）购买新车一定要有发票，办理落户手续以防丢失。一旦发生丢失，也便于查找、认领。

（2）自行车放在指定地点，并要及时上锁。露天存放自行车，可将两车锁在一起，使窃贼难以搬走，减少丢失几率。

（3）高档摩托车、自行车存入学校专人看管的车棚内。假期离校将车搬回宿舍，或交给朋友看管。另外上学期间尽量不要购买高档摩托车和自行车。

（4）购买正规厂家生产的车锁，防止被人捅撬盗车。

二、发现财物被盗怎么办

发现自己财物被盗，不少同学首先想到的是翻看自己的柜子、抽屉，看自己损失了些什么。另一些同学则出于关心、好奇等原因前来围观、安慰。结果，待公安保卫部门接到报案来到现场时，现场的原始状态已发生很大变化，一些与犯罪活动存在内在联系的痕迹、物品已遭到破坏，一些与犯罪毫无关系的痕迹、物证又出现在现场，使得公安保卫人员难以对犯罪活动做出准确判断，影响了破案工作。所以一旦发生财物被盗要做到以下几点：

（一）发现被盗，保护好现场

犯罪现场是判断犯罪分子进行犯罪活动和真实反映犯罪人客观情况的基础，只有把现场保护好了，侦查人员才有可能把犯罪分子遗留下的手印、脚印、犯罪工具等痕迹、物品发现并收集起来，而这些正是揭露犯罪和证实犯罪的有力证据。

如果案件发生在宿舍里，可在宿舍门前设岗看守，不能让人进屋，更不能挪动室内的任何物品，封闭室内现场。对盗窃分子可能留下痕迹的门柄、锁头、窗户、门框等也不能触摸，以免把无关人员的指纹留在上面，给勘察现场、认定犯罪分子带来不必要的麻烦；

（二）若发现存折被盗，应尽快到银行办理挂失手续，减少留给犯罪嫌疑人取款的时间。

【扩展阅读】

校园偷窃虽小必诛

"见鬼了，我放在这里的开水瓶怎么没有了？"一位同学四处张望着惊叫起来。这样的场景经常会出现在素有"象牙塔"之称的大学校园里，却难能掀起一丝波澜，丢东西者只能无可奈何"花落去"，空剩叹息。虽有大肆张扬者，贴出一堆海报苦苦寻找，却大多石沉大海，杳无音信，赔了夫人又折兵，既丢了东西，还搭上了印制海报的钱财。所以长此以往，学生丢了东西大多只能摇摇头、咬咬牙、跺跺脚，骂上两句，发泄一下，便不再追究。

然而，正因为所丢东西微不足道，学生便不再追究，学校也不会深究，更引不起社会的关注，久而久之，校园偷窃者好似看透了这一特点，使得偷窃现象有水涨船高之势，丢开水瓶者、丢棉被者、丢书者等等哀声一片，着实让人担心，既担心学生财产的安全，又担心偷窃现象的蔓延助长了偷窃者道德素质的沦丧，搞得象牙塔内一片乌烟瘴气。古人云："小时偷针，大时偷金。"偷的无论东西大小、值钱与否都深刻关系到人们的切身利益。而我们的纵容与忽视激励了偷窃者内心的邪恶，顺手牵羊拿走他人的东西成为一种习惯，更可怕的是，那些学生偷窃者走向社会后，成为高素质小偷，会给社会带来难以想象的灾难和隐忧。所以，对待校园偷窃学生要做到虽小必诛，让其无藏身之地，无处遁形。

学校可以从以下三个方面齐抓共进，多管齐下，控制校园偷窃现象的发生：首先，学校完善制定校园偷窃的相关规定，明确规定给予学生偷窃者警告以上处分，惯偷或情节严重者给予开除学籍处分，并建立校园偷窃深究机制，凡属校园偷窃案件，严查到底，严厉打击。其次，校园应大力营造"偷窃可耻"的强大舆论氛围，杜绝"睁一只眼闭一只眼"、"事不关己高高挂起"的态度，给予举报盗窃者奖励，让偷窃者如过街老鼠，成为人人喊打的对象。另外，学校应加大对学生德育的培养力度，加强大学生素质建设，进行"八荣八耻"的深入学习和讨论，让偷窃者认识到偷窃的错误本质和严重后果。

总之，对于校园偷窃现象，一定要做到虽小必诛！这是对他人负责，对自己负责，更是对社会负责，还象牙塔一个纯净和谐的环境。

三、偷窃癖

【案例分析】

花季少女为何迷恋偷窃

16岁的少女李琳随同父母从乡下来到成都的舅舅家。但没多久，舅舅家却突然发生了一桩神秘的盗窃案。李琳的舅舅、舅妈在成都经营着一家公司，这天舅妈一查账，竟然发现少了1100元！难道家里进了小偷？就在纳闷时，更蹊跷的事发生了，在成都的大部分亲戚家里，都相继发生了丢钱事件。

此时，李琳的母亲出面了："那1100元钱是李琳偷的，我问过她，她承认了。"这番话让舅舅、舅妈大吃一惊。后来，他们又得知那些亲戚家的钱也都是李琳偷的。原来，李琳在5岁时就染上了偷东西的习惯，至今已整整11年。

李琳上小学时，有一天她从老师办公室拿走了一本教科书，但第二天，她又悄悄地把书送了回去。后来在学校花卉展期间，李琳又将一盆鲜花挪到了厕所里，但奇怪的是，她自己却向老师报告有人偷花。由于当时有目击者，李琳的"自盗"案件很快就被"侦破"。老师把她的表现告诉了她的父母，但忙着做生意的父母并没在意，可这一次的放纵便让李琳难以自拔，她又开始了下一轮的疯狂"偷物"。此时，父母才意识到问题的严重性。

更令人吃惊的是，随着年龄的增长，李琳的作案手法也开始向"专业"化发展，此时的她已经可以娴熟地溜门撬锁。偷完东西后，她能镇定地砸碎镜子，伪造现场。李琳偷了东西后很少自己用，那为什么还要一次次偷呢？这让她的父母难以理解。

（一）偷窃癖的内涵及特点

1.偷窃癖的内涵

偷窃癖是一种精神疾病，指的是这样一类人，他们控制不住自己想偷东西

第三章　校园安全之人为伤害篇

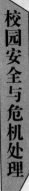

的欲望，偷完之手内心极其满足。偷窃癖有很多特点，比如说要不断地重复去偷，这种行为他们自己也控制不住，这跟那种有目的偷窃不同。一般情况的偷窃是以贵重钱财为偷盗对象，偷窃癖所偷盗的物品不一定贵重。

2. 偷窃癖的特点

偷窃癖的特点是有不能控制的反复出现的偷窃冲动，偷来的物品并非自己所需，也不是为了物品的价值。患者往往是把偷来的物品丢掉或偷偷地送回原地或隐藏起来。这种偷窃冲动似乎有一定的周期，当冲动的紧张度升到一定程度，偷窃行动即带来满足。患者没有预谋，如果是有组织有预谋的偷，则不属于"偷窃癖"。应对患者进行教育训练，并结合心理治疗。

（二）偷窃癖学生教养策略

1. 加强与家长的密切沟通

当学生出现偷窃行为时，应及时与家长取得联系。可以采取多种方法：

（1）登门造访

把孩子的具体情况如实向家长反映，同时了解该生的家庭情况、家庭教育方法，针对其生长环境找出问题的症结，求得家长的支持和配合。

（2）召开小型家长会

召集有此类行为的个别学生家长，汇报学生表现，了解家教情况，共同探讨教育学生的方法和途径，必要时可共同学习有关家庭教育、心理健康教育的知识。

（3）利用家长来校接送孩子，用电话联系等方法与家长密切沟通。

这样做，一来能够双管齐下，共同教育，使学生在心理上感受到一种压力，认识到这种行为是为家庭所不容，为学校所不许，为社会所不齿。同时，也有利于提醒家长注意教子方法，培养孩子完善的人格。家长平时保管好自己的财物，避免孩子有更多偷窃的机会。

2. 加强对学生的思想教育

学生出现偷窃行为，心理负担较重。担心被人发现暴露后又担心教师责骂、同学讽刺。这时候，教师应该察言观色，及时掌握学生的心态。可以晓之以理，与其重温《学生守则》有关内容，讲述诚实为人的道理，强调诚实的可贵，指出偷窃的危害。也可以动之以情，用一个个生动的故事打动其心扉，用老师殷切的期望启发其思想。甚至还可以轻描淡写地淡化问题的严重性，减轻学生的心理压力，使问题迎刃而解。

（1）爱心感化

对于有小偷小摸行为的学生，教师必须客观地对待他，切不可主观地将学生圈定为"小偷"，教师应单独与学生进行交谈，让学生知道偷窃是耻辱，然后了解他偷窃的动机，消除诱因，并告诉他小偷小摸行为被别人知道了会难以得到他人的信任。对于有小偷小摸毛病的学生，学校不要孤立，要多团结鼓励。

（2）树立榜样

教师的言行举止对学生的影响是十分深刻的。为人师表、言行一致、表里如一，以高尚的师德、良好的个性品质来教育、引导学生，发挥教师"典范"作用。为学生树立正确的榜样，做到以德感人、以德服人、以德育人，促进学生提高觉悟，改正缺点。

（3）兴趣迁移

丰富多彩的集体活动能培养学生自己的兴趣爱好，开阔学生的视野，丰富学生的生活，并使他们的思想得到教育，情操得到陶冶，习惯得到培养，意志得到磨砺，知识得到丰富，能力得到提高。如针对学生偷窃行为的发生，组织开展"我是社会的好儿童"为主题的班队活动，可以开展"我为家乡建设出一份力"的实践活动，组织学生开展清扫红领巾路、宣传家乡建设表演等活动。还可以借助一些有纪念意义的节日，开展大中队活动，既让学生找到生活的乐趣，又培养他们的集体意识，丰富学生的生活，同时让他们能多为别人考虑，不再以自我为中心，懂得"小时偷针，大时偷金"的可能性和严重性。

（4）深入学生心里，开展心理训练

无论是怎样的学生，教师都不能厌恶他，应该走进他的内心，了解他的想法。对于偷东西的学生，教师应细心了解学生偷窃的原因，从而寻找解决的对策。由于社会的进一步复杂化，学生的心理问题也进一步增多，心理素质有待不断提高。目前，学校教育存在着重智轻德，重学科成绩，轻整体素质培养的现象。学生有许多思想症结、不良习惯被忽视，没有得到及时解决或纠正。

因此，建议有条件的学校开设学生心理咨询辅导站，负责解决学生生理及心理上的一些困惑和需要解决纠正的问题。也可尝试在班级设立班主任信箱，为学生排忧解难。

3. 依托社会资源，共护雏鹰长成

可以聘请校外辅导员，让他们在课余时间对学生进行正面引导，帮助学生树立正确的世界观、人生观和价值观，克服攀比心理，杜绝超前消费。

中国有句俗话："棍棒底下出孝子"，李琳的父母也不例外，他们认为打骂自己的孩子是天经地义的事，可结果却让李琳产生了强烈的逆反心理。万般无奈之际，父母带她来到华西医院心理卫生中心求助。华西医院心理卫生中心副教授李静，在和李琳的接触中发现，李琳对父母充满了仇恨。

为了找到原因，李大夫向她的母亲了解家庭状况。

"从去年开始，我们让她当着老师和全班同学的面，把自己偷东西的过程写下来，然后站在讲台上给大家念。而且我们曾当着众人的面，打过她……"这种带有羞辱性的教育方式，李琳的父母并不认为有问题。

对不可抑制的偷窃冲动，李琳很痛苦，她在日记中写道："我恨这种行为，你又来捣乱了……"为了进一步了解李琳的心理状态，李大夫开始对李琳进行例行的心理问卷测试。在完成心理测试后，李大夫得到一个信息：李琳偷东西的习惯，很符合"偷窃癖"的特征。

中华医学会儿童精神病专家郑毅教授说："偷窃癖有很多特点，比如说要不断地重复去偷，这种行为他自己控制不住，这跟那种有目的偷窃不同。"

李琳从5岁就开始偷窃，而且偷窃次数十分频繁，这样看来，李琳的行为显然符合了这些特征。但实际上，有很多小偷也是反复作案的。怎样才能判断一个"真正"的小偷和"患病"的小偷呢？

郑毅教授进一步解释了两者的区别："有偷窃癖的人总是有一种紧张感，在行动前他的内心会非常冲动，心跳加快，当偷完后，他会有一种释放感、满足感，甚至有人形容它为'快感'。但之后，他还会自责、内疚，想要改变但又改不了。"

最重要的还有一点，小偷总是想偷最值钱的，而李琳却并不在意偷的是什么。李琳之所以要偷窃，是因为她内心有一种想偷的冲动，这种冲动非常顽固，她自己已经无法控制。医生最后诊断，李琳的确是个偷窃癖患者，这让她的母亲陷入了深深的自责。她从来没想过，女儿"偷窃"竟是一种病！更让父母内疚的是，李琳在5岁第一次偷窃时，他们并没有严厉制止，自此错过了最好的教育时机。

6岁之前，是一个人的心理关键期。其实在每个人的潜意识中，都有一种本能的原始冲动，比如我们都喜欢吃好东西，听美妙的音乐，但很多人不大愿意去辛苦工作。但当一个人受过教育后，就会有社会责任心，他就可以控制自己的这种原始本能。可正是这个关键时期，父母无意中的纵容致使她没有认识到偷窃是可耻的，这对她形成"偷窃癖"有至关重要的影响。

医生发现李琳大脑中的5羟色胺浓度特低，11年的偷窃"生涯"能有救吗？

李大夫开始对李琳进行心理治疗的第一步——认知治疗。首先，要让李琳深刻认识到偷窃行为和社会规范是相违背的。为了加深她的认识，民警唐建新带李琳来到了成都市公安局。

第二步，李大夫给了她一根橡皮筋。医生告诉李琳，每次她有偷东西的冲动时，就拿这根橡皮筋狠狠地弹一下自己的手背，这就是心理治疗中著名的"橡圈厌恶疗法"。每次这种疼痛刺激，会伴随病人的冲动欲望重复出现，时间一长，她的大脑中就会留下一个印象，这种冲动伴随而来的就是一种痛苦。经过一段时间的治疗，就可以慢慢弱化病人的这种"偷窃"欲望。靠这种方法，李琳的偷窃冲动会不会得到控制呢？但是单纯的心理治疗效果并不明显，李琳和母亲再次来到华西医院。这一次检查，李大夫发现李琳大脑中的5羟色胺浓度特别低，这一点说明她存在严重的抑郁障碍。

处于青春期的李琳本该是个朝气蓬勃、充满活力的少女，但没有家庭的温暖，令她总是闷闷不乐。为了让自己快乐起来，她也会找朋友玩或玩游戏，但是当她发现，只有在她偷东西后，平时对她很少关心的父母，才会马上团结起来"教育"她。尽管这种方式不好，但却成了她寻求刺激和家人接触的一种异常行为。

第三章 校园安全之人为伤害篇

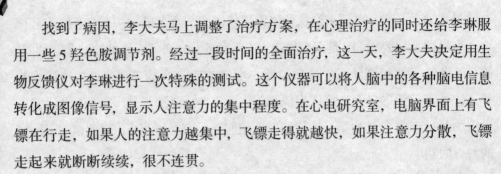

找到了病因，李大夫马上调整了治疗方案，在心理治疗的同时还给李琳服用一些5羟色胺调节剂。经过一段时间的全面治疗，这一天，李大夫决定用生物反馈仪对李琳进行一次特殊的测试。这个仪器可以将人脑中的各种脑电信息转化成图像信号，显示人注意力的集中程度。在心电研究室，电脑界面上有飞镖在行走，如果人的注意力越集中，飞镖走得就越快，如果注意力分散，飞镖走起来就断断续续，很不连贯。

对李琳的测试开始了，此时的飞镖运行得十分平稳。这时，一位护士随意性地放了些钱在李琳面前。面对钱的诱惑，李琳又习惯性地抓起了衣角。这一次，她能否控制住偷窃的冲动呢？飞镖突然间走得不连贯了，但是很快，飞镖又开始平稳运行，最终飞向了靶心。李大夫松了一口气，调整后的治疗方案终于帮助李琳控制住了拿钱的冲动，她母亲的脸上也露出了久违的笑容。

偷窃行为不是一朝一夕形成的，更不是短时间内能改变的，需要我们全面动员社会各方面的力量，调动一切积极因素，采取所有手段、办法，完善措施、制度，形成校内外齐抓共管，建立学校、家庭、社会全方位的教育体系，切实解决学生小偷小摸的行为，培养具有高尚道德情操的接班人。相信只要学校、家庭及社会的共同关心、努力和重视，学生的偷窃行为一定能够得到有效的控制，学生将朝着健康的、诚实的心灵之路不断迈进。

最后重要的一点是对有偷窃癖的学生一定要宽容、有耐心。

第三节 校园性骚扰与性侵害

【案例分析】

案例一

富二代求爱不成火烧少女致毁容

由于求爱不成，2011年9月17日下午，合肥某中学17岁中学生陶汝坤强行闯入民宅，将打火机油泼向16岁的少女周岩，将其烧成重伤。此事经网上曝光后，引发广泛关注。

因为施暴者的极端冷酷和暴虐，受害人出事前后两张照片的对比之强烈，一起因爱生恨的恶性案件就这样点燃了公众的怒火。往怒火里添油的，还有施暴者的家庭背景，和警方疑似的不作为。使原本一件性质很明确的、责任很清晰的案件扑朔迷离。一度成为人们茶余饭后的谈资。

案例二

一封来自母亲的求助信

因为我们刚搬家，15岁的女儿暂时留在原城市，在寄宿学校读书。几天前，女儿告诉我们，有几个高年级男生总来找她，要和她交朋友，女儿不同意，那几个男生就在路上堵截、纠缠。女儿告诉老师，老师也没更好的办法。我们很担心女儿。请问，有什么好办法解决我女儿受到的骚扰？

案例三

流星雨之夜失踪的女孩

多年以前，北京下了一场流星雨，一个小时在狮子座这个位置上，有2000颗流星，哗哗地往下落，北京的孩子都乐坏了。

一个小女孩，叫马昱，14岁，领着她弟弟，小姐儿俩上街去看流星雨，到了街上以后，满街都是人，突然前面来了一个所谓的警察说"你们俩干什么？把身份证拿出来。"这俩孩子哪有。这个所谓的警察就跟弟弟说："你回家拿身份证去。"随后把姐姐马昱领着走过了三个街道，打车到一个公园，把姐姐先奸后杀。

这件事对北京人的震动非常大，说我们这个教育现在把孩子教育成什么了？要是一只小山羊还敢顶顶角，要是一个小狗还敢咬一口，说这个女孩子在大庭广众之下，也不敢说话就乖乖跟着坏蛋走。后来，我们提出假设，说假如她弟弟不回去拿所谓的身份证，假如这个马昱一遇到这个情况大声地叫一嗓子，假如马昱拔腿就跑，这些事情都不会发生，所以流星雨事件给我们一个深刻的教训。

一、性骚扰与性侵害概述

（一）性骚扰与性侵害概念

性骚扰指性侵害犯罪以外，对他人尤其是女性，实施与性或性别有关的伤害的行为。性侵害指一切以性服务或性行为为目的的侵犯行为。

（二）性骚扰与性侵害的种类

1.敌意环境的性骚扰

第三章 校园安全之人为伤害篇

指以"性"或与"性别"有关的不恰当言行，并使他人人格尊严受损、心生恐惧。被害人感受到敌意或被冒犯，其样态如下：

（1）性别骚扰：包括一切强化"女性是次等性别"印象的言行。例如：过度强调女性的性征或性吸引力；过度强调女性的性别特质、性别角色刻板印象或性别歧视的言论。

（2）性挑逗：包含一切不受欢迎、不合宜或带有攻击性的口头、肢体上的冒犯行为。例如以猥亵的言语、举动或其他方法调戏对方；盯着别人身体的私处看；展示具性挑逗的图片或文字；暴露性器官；掀裙子、拉扯裤子；未经他人同意，直接碰触别人的身体；即使没有直接接触他人身体，但是故意靠得非常近，让人感觉不舒服等。

2.性贿赂：指一切以性服务或性行为作为交换条件的要求。如教师向为其提供性服务的学生提供特殊待遇（如奖学金、变更分数等级、加分或其他待遇），以致影响其他学生的正当利益。反之，如果学生若愿意提供性服务作为取得利益的条件，也对教职员造成骚扰。

3.性要挟：包括一切以威胁或强迫方式要求他人为其提供性服务或性行为的行为。例如：以开除、留级、重修、不及格等不利于学生的威胁，要求学生满足其性要求的行为。

4.性攻击：包括任何具有伤害性或虐待性的性暴力及性行为。如强吻、强行抚弄触摸、猥亵、性虐待等。

二、容易遭受性骚扰性侵害的时间和场所

（一）夏天是学生容易遭受性侵害的季节

夏天的时候强奸案是最多的，夏天的强奸案多到什么程度呢？一位老警察这么说过："气温每升高2℃，跟着全国的强奸案就会上升1%，所以我们每天听听天气预报，说今天哪儿38℃，不用问，我们当警察的心里就知道，这个地方的性侵害案件这天就特别多，我国气温最低的是2月，所以2月的时候，性侵害案件非常少，全国气温最高的是8月，到了气温最高的点，再过15天，全国的性侵害案件数量也达到最高点。"

（二）夜晚是学生容易遭受性侵害的时间

这是因为夜间光线暗，犯罪分子作案时不容易被人发现。所以，夜间学生应尽量减少外出。另外一天24小时，性侵害案的发生也有规律。晚上7点到第二天早晨的6点，这一时间段的性侵害案件多。这就叫"双重高发"，即8月份再加上晚上的7点到早上6点，性侵害案件发生率最高。

（三）公共场所和僻静处所，是女生容易遭受性侵害的地方

公共场所如教室、礼堂、舞池、溜冰场、游泳池、车站、码头、影院、宿舍、实验室等场所人多拥挤时，不法分子没有机会袭击女生；但僻静之处如公园假山、树林深处、楼顶晒台、没有路灯的街道楼边，尚未交付使用的新建筑内，下班后的电梯内，无人居住的小屋、陋室、茅棚等。若女生进入这些地方，由于人员稀少，极易遭受性侵害。

【扩展阅读】

校园性骚扰知识测试

下列各项，认为对的请打√，错的请打×

1. 一位同学很喜欢讲黄色笑话，这也是一种性骚扰。
2. 男同学常聚在一起，高声谈论女同学戴胸罩、使用卫生棉等事，这也算是性骚扰。
3. 只有陌生人会性侵害孩子，认识的人不会这么做。
4. 被性伤害的孩子，因为觉得很丢脸，怕别人笑，所以大部分不会主动告诉别人，也不会向人求救。
5. 性侵害儿童的人会挑安静顺从及活泼信任人的孩子下手。
6. 大人、孩子都可能是侵害儿童的人。
7. 大声自信地对侵害者说"不"，也是儿童自我保护的方法之一。
8. 好孩子不可能被人性侵害。
9. 情况若不可控制，变了样，应立即做出反应，不必顾到温和有礼的形象。
10. 明确表达拒绝且坚持自己的原则。
11. 爱是尊敬、不是强迫；爱一个人就要尊重他（她）。
12. 注意酒及饮料，强暴常与酒与暗中下药的饮料有关。
13. 曾经被性伤害过的孩子，不会再次被伤害，因为他们知道这些坏人所用的方法，不会再受骗。
14. 受侵害的孩子常常很难拒绝别人。

第三章 校园安全之人为伤害篇

三、学生怎样减少被性骚扰或性侵害

（一）校园性骚扰或性侵害预防方法

1. 你的身体是属于你的，任何人亲近你（包括亲人）如果你觉得不舒服，或不喜欢这样，你有权利拒绝。

2. 若有人碰触、抚摸你，事后却要你保密，你不要照做，一定要说出来，因为：

（1）拥抱，亲吻是很好的，但从来不会是个秘密。

（2）若你感到不安全、不舒服，你就不需听从对方（大人、小孩、朋友）的话来保密。

3. 每个人都有自己的亲密界限，你可以建立属于自己的亲密界限，并让别人知道。

4. 若有人问路或请你帮忙，请他找大人并立即走开（若他真的需要协助，会找大人帮忙的）。

5. 不要靠近汽车内的陌生人，如果陌生人邀请你一同不管是坐车还是走路，都要大声拒绝，并向人多的地方跑去。

6. 身上随时备有零钱，可以打电话。记住在紧急状况可以帮助你的人之电话号码。

7. 出入偏僻场所要结伴而行尤其是去暗处或厕所，千万不要单独行动。

8. 男、女生都可能受到性侵犯。

9. 陌生人、熟人都可能是侵犯者，不是只有外表看起来像坏人的人才会伤害人（坏人字不会写在脸上）。

10. 外出要告诉父母、亲人你的去处、与谁同往，并留下清楚的联络方式（如电话、住址）。

11. 遇暴露性器官变态者，要表现得理直气壮、不用怕。因为对付暴露癖的最好方式就是不予理会（有暴露癖好的人喜欢透过别人的惊吓与尖叫声来达到自我的生理亢奋）。镇静地走到人多之处或进入就近的商店告诉大人，并打电话报警。

12. 在建筑物内或偏僻场所遭遇性侵害应对策略

（1）保持镇定，假装向某方向喊某人的名或吹哨子（随时就带在身上），

然后加速离开。

（2）用各种借口拖延(如:场地不合适、身体不适、拉肚子……)再伺机逃跑。

（3）用沙子、袋子、石块等反击，但应注意现场实际情况，避免无用的攻击而激怒施暴者。

（4）保护你的生命为最重要，有了生命始有机会制服施暴者，避免他再伤害其他人。

（5）想尽办法使自己弄得很脏，让对方不想接近你，如呕吐、排泄等。

13.受到性伤害时，尽速告诉你信任的大人，若他不信，则要继续告诉其他大人，直到有人相信。

14.当你愿意说出来，你是个有智慧而又勇敢的孩子，不但你可以得到保护，其他人也可避免被伤害；而伤害你的人也有机会被制裁。

（二）怎样摆脱异性的纠缠

学生中的异性纠缠，主要是恋爱中的异性纠缠。这种纠缠来自两个方面：一是来自单恋者的纠缠，正可谓"落花有意，流水无情"。有情者积极进攻，穷追不舍,无情者有苦难言。如某学生追求一同班女同学遭到拒绝,竟不顾影响,在众目睽睽之下，跪在女学生面前求爱。二是恋爱关系中的一方提出终止恋爱关系，导致感情破裂，而另一方无法接受而苦苦纠缠。

1. 态度明朗

如果你并无谈恋爱打算，对于那种单恋的追求者，你应该明确拒绝；面对正在恋爱中或曾经恋爱过的对象，你要冷静地考虑一下，如果没有重归于好的希望，要明确告诉对方，让对方打消念头。暧昧的态度会让对方觉得有成功的希望。使对方产生了更多的幻想，从而带来更多的麻烦。

2. 遵守恋爱道德

在拒绝对方的要求时，要讲明道理，耐心说服；要尊重对方人格，不可嘲笑挖苦，更不能在别人面前揭露对方隐私。例如，不要公开对方追求你的情书，不要谈论对方曾经对你有过某种非礼行为等等。如果是自己提出的中断恋爱关系，应主动承担责任，表示歉意。

3. 分手后交往有度

要正常相处，但要节制往来。恋爱不成，但仍是同学、朋友，不可结怨，更不可成为仇人、敌人。在恋爱关系终止后的交往中，最好避免不必要往来，以免对方产生"物是人非"的伤感。

4.寻求组织帮助

在你对对方做了工作以后，仍不能摆脱对方的纠缠，或者发现对方有可能采取报复行为时，要及时向老师和领导求助，依靠组织妥善处理，防止发生意外事件。

5.女生要自爱自重

女生作风上要稳重，生活上要俭朴，不要刻意追求打扮。与男生交往不要占小便宜，如要钱要物，吃喝不分等；与异性交往中要大方得体，不要随意向异性撒娇，流露出对异性的冲动，以免引起异性有非分之想。

（三）学校应担负起保护学生不被骚扰责任

根据未成年人保护法的有关规定，学校对于在校学生具有当然的保护教育责任。"案例分析"中求助母亲的女儿寄宿于学校，同校的高年级男生总来找她，在遭到拒绝后，多次在路上堵截、纠缠，已经对她女儿的安全构成一定的威胁，学校有责任引起高度重视并予以排除。孩子的班主任老师应当向学校领导汇报，并与那几个男生的班主任一起批评教育有此不良行为的男生，让他们改正错误，学会尊重他人，在一定条件下可予以纪律处分。如果效果不明显，学校领导可向当地公安机关报案，公安民警应当会同学校领导和老师一起教育那几个男生。如果他们拒不改正，情节严重的，可以根据治安管理处罚条例第二十二条的规定，以威胁他人安全、干扰他人正常生活为由予以治安处罚。

（四）女性正当防卫十招

女性在遭遇性侵害、性骚扰时可采取以下方式"自卫"：

1.大声呼救

色狼在实施犯罪行为时，一定会"做贼心虚"，大声呼喊可能阻止犯罪嫌疑人的主观恶行继续加深。假如色狼正处于犯罪初始（刚开始）阶段，女性应当大声呼救，以求很多人闻警救助。如一女性在夜晚活动时，被一名心生歹意者突然截住。她不顾一切大声呼喊，色狼吓得落荒而逃。

2. 日常备有"自卫"武器

若只身行路遭遇色狼，呼喊无效又难以脱身，女性可以干脆就地取材，抓一把泥沙撒向色狼面部（城市女性为防侵害，可以在衣袋、书包内常备些食盐、胡椒粉、辣椒面等），这样一来，可以为自己争取更多的逃跑时间。

3. 留取证据

如果以上办法不起作用，仍被色狼死死缠住，又打不过色狼，女性可以在反抗中撕烂色狼的衣裤，一来可以令其逃跑后也丑态百出。二来可以将他的烂衣裤（碎片、衣扣、断带）作为证据带到公安机关报案。

如果使劲撕仍不能制止加害行为的，可以向犯罪嫌疑人的面部、要害处抓去。抓时只有抓得狠、抓得死，将其抓破，才能达到制服色狼、收集证据的目的。将留在指甲里的血肉送公安机关，即可作为指控嫌疑人的证据。

4. 攻其弱处

面对一时难以制服的色狼，可以拼命踢向他的致命器官，这样可以削弱他继续加害的能力。这一手不少女性在自卫中使用过，极见成效。还应大声正告色狼，再猖狂将受法律制裁。

如果被色狼跟踪，不要害怕，见机变换行走路线，一般都可将其甩掉。有一女生夜间回家路上，发现被盯上了。原路线前方不远即是偏僻路段。女生当机立断，迅速改变了回家路线，并在不远处果断地叩响了路边一户人家的大门，色狼知难而退。

5. 记住犯罪嫌疑人特征

受到色狼不法侵害时，女性应当瞪大眼睛，牢记色狼的面部和体态特征，多记线索，以便在报案（一定要争取在 24 小时之内）时提供给公安人员。某地区有一名女中学生，遇害时牢牢记住了犯罪嫌疑人的脸面。她在随公安民警侦破此案的路上遇到了这名色狼，当场指认出来。

6. 佯顺

如果几经反抗不力，色狼强奸即遂，此时也不可轻易放过（有些受害女性到此时就彻底放弃反抗了），可以采取"套"的办法将其制服。如一位姑娘被害后哭着说："这么一来，我连对象都没法找了，你要是没有对象咱就……"次日晚，当色狼再次去找姑娘要"谈情说爱"时，被早已等在那里的公安人员抓获。

色狼施暴时常常先将女性的双臂缚住，此时在不得已中应抓住时机咬住其肉体不松口，迫使其就范。有位女性在被害过程中，遭色狼强行接吻，情急中她"稳、准、狠"地咬住了色狼的舌头，致使其疼痛休克，被捉送公安机关。

7. 刺

如果遇上色狼手中有凶器，女性仍要沉着，胆大心细，不要慌乱。色狼要行好事，必会自脱衣裤，此时可借机行事。有一妇女被持刀色狼相逼，她临危不慌，让色狼先行脱衣，当其高兴中动手脱衣时，妇女快速用刀朝色狼的要害处刺去。

四、发生性侵害后的应对措施

（一）及时报案不要拖

学生一旦遭遇性侵害事件后，要打消顾虑，及时向保卫处派出所报案，不能因为害怕名誉受损，将苦果自己咽下去，这样会使犯罪分子逍遥法外，也使更多的女性受害。

（二）积极配合调查

性侵害发生后，在报案的同时，被害人要将侵害的有关物证保留好，并将犯罪分子的体貌特征、衣着打扮、口音、携带物品、受伤状况等情况如实地向有关调查人员反映，为公安机关破案提供线索。

（三）伤害事件发生后尽快求助医生避孕。主动寻求心理医生的帮助，早日走出困境。

（四）调整心态，寻求心理援助

学生被侵害后，表现出意志消沉，精神萎靡，心理负担加重，整天生活在被侵害的阴影中，久而久之，会产生厌世情绪，有些会抱着破罐破摔的心理，走上自甘堕落的道路。还有自尊心较强的会由悲愤产生强烈的报复心理，发誓要除掉加害人。因此，作为有知识、有文化的女大学生一定要在吸取教训的同时，及时调整心态，尽快从阴影中走出来。

五、同性侵犯——一个真空话题

【案例分析】

案例一

14岁版纳傣族男孩遭遇性侵害病变身亡

一天，十多岁的傣族男孩岩应到山上放牛，遇到了平时经常在一起放牛的村民岩坦。岩坦40岁出头，平时说话很少，但在村中口碑很好。岩应万万没有想到，这个平时自己极其信任的长辈，突然扑过来，将其拖入草丛中，强行脱掉他的裤子，按在地上强暴了他……

岩应被突然发生的事弄蒙了。很久以后，他才回过神来。他突然感到自己很脏，今后再也不是男孩子了。他不敢回家，直到夜幕降临才踏入家门。他对任何人都没说起发生在自己身上的事，只是觉得自己很脏，不停地用水冲掉身上的所有污痕……

由于肛门损伤严重，他一直不能坐凳子，每次吃饭都是双膝下跪。这样持续了好久，家人竟没有发觉。后来他的肛门开始出血，岩应担心自己要死了，这才把真相和盘托出。血气方刚的父亲找到村委会要求做主，村委会自古以来也没有听说过这样的"怪"事，翻遍村规民约也没有找到合适的惩罚条款；而向有关司法部门咨询求助，又都说没见过相应的法条能够处置岩坦！

由于咨询后得知法律"无法"保护，再加之族人认为男性遭侵害很可耻，更主要的是为了解燃眉之急，不能听任小岩应医药费无处着落。在族人的主持下，他们双方同意达成"私了"协议，即让加害人先带小岩应去治病，药费由其承担……口说无凭，他们按村寨的规矩，让加害方写下一张2万元"补偿款"的欠条，并签署下分期付清的协议；然后双方各持"合同"一半，就该带小岩应去治病了。

谁知，病还没看两回，岩坦看罪行证据已了无痕迹，特别是知晓了现行法律根本奈何不了他，很快就翻脸不认账了，不要说兑现原来的什么补偿款，就连医药费也不肯出了。那张民间承认有法律"效力"的半张协议，也被他撕得粉碎。无可奈何才同意收下的"卖身"补偿款2万元，不料岩应家还没有拿到一分钱，就化为了空中纸屑。两年后，岩应患处的病灶癌变，又无钱医治，病情很快就恶化了……一个如花的少年就这样走了，却又走得这么不明不白。

第三章 校园安全之人为伤害篇

案例二

同性性侵犯难定强奸罪

英文《中国日报》2011年7月7日报道："我被绑架了，心理受了很大的伤害，可能一辈子都好不了啦！哎，没法儿说……" 6月9日，15岁的杨小龙（化名）在他的QQ签名上写道。

他所记录的噩梦就在前一天降临。6月8日23：00左右，杨小龙外出游玩后路过新密市市区广场，找了一个阴暗处小便。就在此时，被29岁的李某拿刀挟持到了其车上，要求杨脱光衣服，对其进行猥亵。随后，感觉并不"过瘾"的李某又将杨带到附近的山脚下，继续进行性侵犯。直到次日凌晨5点，在被劫持长达6个小时后，李某才将杨释放。

6月19日，嫌疑人李某被警方抓获。但随后新密市警方表示，刑法中对这种同性之间的性侵犯并没有适用的法律条款。因此，只能按照《治安管理处罚法》第四十四条进行为期15天的行政拘留。案件被媒体披露后，迅速引起了社会各方的关注和热议。

根据中国《刑法》第236条，强奸罪的受害人只认定为妇女。而《刑法》237条中的"强制猥亵儿童罪"，并未对"儿童"的年龄标准给出明确说明。在司法实践中，一般把未满14岁的未成年人作为儿童保护。显然，这两个罪名都不适用于该案件。

（一）男性被性侵害如何定罪

1. 不算侮辱，不算虐待，也不算强奸

按现行《刑法》，上述案例被害人所遭受的此类行为很难定罪。随着城市文化包括城市吸纳而来的外来文化带来的心理变化，使违反自然的性行为如鸡奸、口交等猥亵14周岁以上男性人员的行为时有发生；与此同时，这类行为也显示出我国《刑法》的空白点。

云南大学法学院教授、《云南大学学报法学版》主编曾粤兴博士认为，若试图以司法解释或者立法解释将其纳入现行《刑法》规定的犯罪范围，则不外乎可以考虑如下相关法律规定：

其一，将其解释为侮辱罪。侮辱罪的构成要件要求必须是"公然"进行，所谓"公然"，既指当众进行，也指当面进行。该罪侵害的权益是他人的人格与名誉。行为人的主观意图是为了贬低他人人格与名誉。把猥亵14周岁以上男性的行为解释为该罪，犯罪构成上有冲突；

其二，将其解释为虐待罪。按照虐待罪的犯罪构成，必须是家庭成员才可能构成犯罪。发生在社会上的、具有更大危害的同类行为则可能因不是家庭成员而无法定罪处罚；

其三，将其解释为强奸罪。我国《刑法》第236条明文规定本罪的对象是妇女。对于实践中发生的成年女性或成年男性强迫14周岁以上男性性交的行为，不属于《刑法》上所讲的猥亵行为，应当在强奸罪这一命题中分析。

2.“伤害罪”好像又太轻了

如定故意伤害罪，必须给身体造成伤害并且伤情必须达到司法鉴定部门鉴定的轻伤以上程度方可构成，对于单纯的猥亵案件基本上不会造成什么身体伤害，对于强暴男童案件，更无法作伤害程度的鉴定；因此，对此类案件以故意伤害罪定罪在司法实践上存在困难。对于采取暴力手段，猥亵或强暴的同时施以暴力殴打，致使受害人严重伤害的案件，以故意伤害罪定罪处罚又过于轻纵犯罪分子。

几年前，媒体曾经提到有一位19岁男孩，在北京某同性恋聚集的公园内被“轮流鸡奸”。他后来进行法律咨询时说自己被侵犯后内心很痛苦、很想自杀；其原因不在于这个肉体被侵害事件本身,听说法律竟然不能维护他的人身权利,这点让他感到很绝望。

因此不能仅以故意伤害罪、侮辱罪对这类男性性侵害案件定罪处罚。而需要说明的是，女性的性权利受到特殊保护，男性的性权利也应得到保护。否则，会给某些不良企图的人造成可乘之机，更使受到性侵害的男童不能得到有效保护和心理抚慰。

（二）我国四种“性侵害”三种被忽视

中国人民公安大学治安系教授王太元说，一提到性侵害，一般人就以为只是男性侵害女性，其实，这是一种误解。人类分男、女两大性别，性侵害的排列组合自然也就有四种：男性侵犯女性、男性侵犯男性、女性侵犯女性、女性侵犯男性。在本来存在的这四种性侵害中，人们长期以来只注意了男性侵犯女性，忽视了其他三种。这也难怪，在男性占统治地位的社会里，女性处于弱势地位，在性方面也是如此。

（三）法律的空白纵容强暴男性

据调查，1997年《刑法》出台后，除了歌星红豆对多名男孩儿的性侵犯，仅以"猥亵儿童罪"定罪三年半外，其他地方还一直少有有关的判例。即使是前者，罪名是否定得合理，法律界也一直争论不休。有关专家称：对男性性伤害的立法保护上有缺失，在某种程度上就是一种纵容犯罪。

在谈到为何一些人未及时向司法机关求助时，中国青少年法律援助与研究中心主任佟丽华律师认为，这与我们在处理此类案件过程中的法律空白有关：由于存在一些较为普遍的放任现象，许多当事人的家长考虑到孩子的"名声"问题，可能会选择不报案和忍气吞声。这实际上是对犯罪行为的放纵和对法律的一种不认同，导致了许多案件在侵犯很多人、维持很多年后才会事发。专家指出，必须正视法律"真空"带来的负面影响，因为它可能会引发更多的隐性案件。

司法部预防犯罪研究员、著名性法学专家吴宗宪特别强调，除了立法，要有对男性被害人的进一步救济，进行危机干预，像心理治疗、精神疗养。在国内研究此方面犯罪的都是法学家，研究强奸创伤的都是心理学家，因此应该跨行业地搞研究。

据悉，1997年开始实施的新《刑法》第230条规定，以暴力、胁迫和其他手段强奸妇女的，处三年以上十年以下有期徒刑。奸淫不满14周岁幼女的，以强奸论，从重处罚。第三款又规定，强奸妇女、奸淫幼女情节恶劣的，强奸妇女、奸淫幼女多人的处十年以上有期徒刑或死刑。猥亵儿童罪是从以前的流氓罪中分离出来的，猥亵儿童罪还没有具体区分性别。

根据我国《刑法》第237条规定，以暴力、胁迫或者其他方法强制猥亵妇女或者侮辱妇女的，处五年以下有期徒刑或者拘役，聚众或者在公共场所当众犯前款罪的，处五年以上有期徒刑，猥亵儿童的，依照前两款的规定从重处罚。

（四）强暴男女，国外都定罪

国外立法对男性性权利的保护是比较健全的。俄罗斯对侵犯女性有专门的强奸罪，侵犯男性则有性暴力罪；加拿大则设有性侵犯罪（无论男女）；在美国、澳大利亚都有过女性强奸男性而受到刑事处罚的判例；美国的许多州强奸罪的受害对象不单指女性。

男性之间双方自愿的肛交行为，在美国多数州也被规定为犯罪。在英国《1967 年性犯罪法》中被规定为鸡奸罪；非自愿的情形，在英国《1956 年性犯罪法》中设有实施有鸡奸意图的侵犯罪、男人之间的猥亵罪。

值得借鉴的是，日本刑法规定，使用暴力、胁迫猥亵 13 周岁以上的男女，构成强制猥亵罪。猥亵不满 13 周岁的男女，也构成强制猥亵罪，并且未遂行为要受处罚。法国刑法规定有强奸以外的性侵犯罪，也是指非自愿情形。在我国刑法中，这种非自愿的猥亵行为，只有在侵犯妇女的情况下才构成犯罪（猥亵不满 14 周岁男女的，推定为违背儿童意愿）。

目前要惩治司法实践中确实存在且呈多发趋势的男性性侵害行为，可以考虑以《刑法》修正案形式：要处罚猥亵已满 14 周岁以上男性的行为，则直接把刑法第 237 条强制猥亵、侮辱妇女罪中的犯罪对象修改为"14 周岁以上的男女"，罪名改为强制猥亵罪、侮辱罪。如果国家认为 14 周岁以上、18 周岁以下的少年的身心健康应当受到严密保护，也可以在第 237 条第 1 款后增加以下内容："猥亵 14 周岁以上未成年人的，处 5 年以下有期徒刑或者拘役。在公共场所当众犯前两款罪的，或者采用暴力、胁迫或者其他强制手段猥亵 14 周岁以上未成年人的，处 5 年以上有期徒刑。猥亵儿童的，依照前 3 款的规定从重处罚。"

鉴于此，很多专家开始呼吁国家法律要与时俱进地填补立法的空白，应设立"鸡奸罪"的新刑种，对未满 16 周岁的男童进行鸡奸的，按"鸡奸罪"论处，在量刑上应该同奸淫幼女一样重。这样才有利于对儿童权利的保护，有效地制止或预防侵害儿童性权利事件的发生，为儿童身心健康的成长创造一个安全的家庭和社会环境。

六、校园性侵害事件处理程序

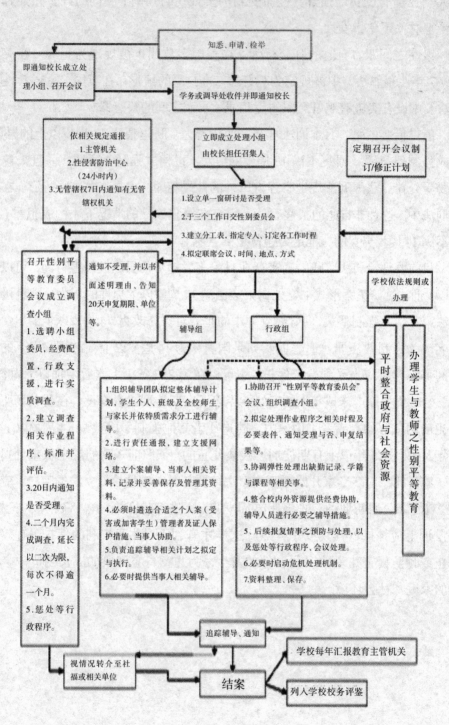

知悉、申请、检举

即通知校长成立处理小组、召开会议

学务或调导处收件并即通知校长

立即成立处理小组由校长担任召集人

定期召开会议制订/修正计划

依相关规定通报
1.主管机关
2.性侵害防治中心（24小时内）
3.无管辖权7日内通知有无管辖权机关

1.设立单一窗研讨是否受理
2.于三个工作日交性别委员会
3.建立分工表，指定专人，订定各工作时程
4.拟定联席会议、时间、地点、方式

召开性别平等教育委员会议成立调查小组
1.选聘小组委员，经费配置，行政支援，进行实质调查。
2.建立调查相关作业程序、标准并评估。
3.20日内通知是否受理。
4.二个月内完成调查，延长以二次为限，每次不得逾一个月。
5.惩处等行政程序。

通知不受理，并以书面述明理由、告知20天申复期限、单位等。

辅导组

行政组

学校依法规则或办理

1.组织辅导团队拟定整体辅导计划，学生个人、班级及全校师生与家长并依特质需求分工进行辅导。
2.进行责任通报，建立支援网络。
3.建立个案辅导、当事人相关资料，记录并妥善保存及管理其资料。
4.必须时遴选合适之个人案（受害或加害学生）管理者及证人保护措施、当事人协助。
5.负责追踪辅导相关计划之拟定与执行。
6.必要时提供当事人相关辅导。

1.协助召开"性别平等教育委员会"会议、组织调查小组。
2.拟定处理作业程序之相关时程及必要表件、通知受理与否、申复结果等。
3.协调弹性处出缺勤记录、学籍与课程等相关事。
4.整合校内外资源提供经费协助，辅导人员进行必要之辅导措施。
5、后续报复情事之预防与处理，以及惩处等行政程序、会议处理。
6.必要时启动危机处理机制。
7.资料整理、保存。

平时整合政府与社会资源

办理学生与教师之性别平等教育

追踪辅导、通知

视情况转介至社福或相关单位

结案

学校每年汇报教育主管机关

列入学校校务评鉴

第四章 校园安全之意外伤害篇（上）

第一节 校园火灾

【案例分析】

"偶然"惨剧 令人扼腕

1994年，克拉玛依剧场的火灾，吞噬了数十位花季少年的美好生命。

2001年6月5日，发生在南昌市一家幼儿园的火灾，一下子夺去了13名儿童的生命。

2001年7月，兰州大学后门附近的教工食堂发生火灾，烧毁面积达500多平方米，整个食堂被大火烧得只剩下一副"骨架"。

2001年8月，咸阳西北轻工学校实验楼4层堆放化学试验药品的库房突然发生火灾。

2002年6月9日晚，云南省寻甸回族彝族自治县羊街镇三元庄小学发生火灾，火灾中住校的8名男生全部被烧死，使得一个仅有32户人家的小村子几乎损失了一代人……

2007年4月2日21时10分许，呼伦贝尔市莫力达瓦达斡尔族自治旗欧肯河农场中心学校学生宿舍发生火灾。火灾造成2名小学生死亡，烧毁建筑952平方米，直接经济损失12474.2元。后经调查取证，确定火灾是学生点蜡烛照明不慎引发的。

一连串的校园火灾给世人敲响了校园防火警钟，加强学校消防工作，减少校园火灾事故的发生，具有重要的意义。

青少年是建设祖国的未来，我国各类学校有在校学生3亿多，教育工作涉及到千家万户，学生安全更是举国瞩目。近年来，校园火灾频发，每年几乎都要发生多起校园火灾事故，无论是幼儿园、中小学，还是大学校园，都有一些绽放的花蕾在火灾中凋零。安全事故时有发生，安全隐患处处存在。只要我们稍一放松，死神的魔爪就会伸向可爱的学生。

学生作为一类特殊人群，防火意识淡漠，防火知识匮乏，遇到火灾逃生能力差，惨痛的教训给我们敲响了警钟：学校消防安全工作不容忽视！

一、学校火灾特点

（一）人员众多，扑救难度大

义务教育日益普及完善，各学校的不断"扩招"，在校师生数量越来越多，少则上千人，多则上万人，而学校用地由于教学楼、宿舍楼的新建、扩建越来越紧张，造成消防车道不畅、防火间距不足的问题普遍存在，一旦发生火灾，人员疏散困难，灭火战斗不易展开。

（二）人员伤亡大，造成的影响大

学校是公众聚集场所，人员众多。多数火灾发生在夜晚，加之学生的宿舍楼的窗户、楼道出口安装铁栅栏等防护栏，影响人员疏散，一旦发生火灾，容易造成群死群伤事故。

2001 年 6 月 5 日，江西广播幼儿园发生火灾，造成 13 名幼儿丧生，在社会上造成了极其恶劣的影响，引起了党中央和国务院的高度重视。

（三）易燃物多，火灾危险大

学校图书馆、档案室、印刷厂、学生宿舍等场所存放着大量书籍、纸张、衣物等可燃、易燃物。一旦发生火灾蔓延发展快，造成损失大。而且大多数学校特别是农村学校的消火栓、消防水带、灭火器等消防设施缺乏、老化，消防水源和消防车取水口不足，一旦发生火灾扑救起来特别困难。

二、当前学校存在的火灾隐患

（一）灭火器材等消防安全设施不足

现阶段各类学校修建年代已久，有的建于上世纪五六十年代。由于当时的历史环境没有对消防设施做专门的具体规定，后来虽然添补了部分消防设施，但因使用年限过久，现在又没有可更换的部件，导致消防设施无法投入使用，基本处于瘫痪状态。

另外，因管理不善而导致灭火器材无法使用的问题也不容忽视，或者由于学校经费紧张，消防设施的配备不能做到位，当前学校的消防安全设施越来越不适应防火灭火的需要，消防设施亟待解决。

（二）疏散楼梯不够或不规范，疏散通道严重受堵

有的学校楼梯狭窄，或一幢偌大的大楼里仅有一条疏散通道，或长长的楼梯过道尚没有任何消防安全疏散标志。

有的学校为维护教学、演出秩序的需要，将疏散通道上锁。新疆克拉玛依市友谊馆大火时，8个疏散门只有一个开启，导致323人死亡，130人受伤的恶性火灾事故便是典型的例子。

（三）消防安全意识淡薄

另外，令人担忧的是，学校相关人员的消防安全意识严重淡薄的现象普遍，管理人员、教师的消防安全意识差。个别师生认为只有厂矿、企事业单位、公共聚集场所、商场、集贸市场等场所才会发生火灾，学校用火用电量少，不易发生火灾。很多老师、学生甚至是校领导，平时不懂如何预防，发生火灾不知如何逃生，也不会报警，对消防安全知识一无所知。学生的消防安全意识如何好得起来，这样，原本良好的消防安全知识教育场地，一下子变成了消防盲区，将会给学校的师生带来多大的安全隐患，近段时间学校的火灾频发，也就有因可寻了。

学生的宿舍多为集体宿舍，往往一个班甚至一个年级一个寝室，寝室内铺连铺，床对床，有各种衣物、蚊帐、书籍等，电线乱拉乱牵，危险系数很大，火灾一触即发。

（四）学校违章用火、用电现象严重

随着家庭生活的提高，许多学生配备了电脑、电风扇、电温瓶等大功率电器。私拉乱接电线、超负荷用电等违章用电现象较普遍，加上学生消防意识比较淡薄，且又经常处于紧张的学习生活之中，往往在使用各种电器后忘记拔出插头，致使电器长期处于通电状态，极易造成电器火灾事故。

一些管理不善的学校，学生在宿舍内点蜡烛、点蚊香、抽烟等现象越来越严重，火灾危险性非常大，稍有疏忽，就会酿成大灾。

三、学生宿舍起火的主要原因

学生宿舍是学生的"家",下课后、中午休息、晚上睡觉,学生大部分时间都在宿舍度过。一旦发生火灾,特别是在夜间,将对学生的生命财产安全构成严重的威胁。因此,学生宿舍是学校防火工作的重点部位。但是,近几年,中小学的学生宿舍屡有起火事件发生,有的还酿成火灾甚至特大火灾。

（一）学生消防意识淡薄

一方面,有些学校都认为学校发生火灾的可能性非常小,于是就疏于对学生进行系统的消防安全教育知识的教授。

另一方面,很多家长消防安全意识淡薄,没有给学生提前进行消防知识灌输。最后导致很多学生不注意用电用火安全,发生火灾以后还不懂得如何逃生。

（二）大功率及违章电器的使用

大功率及违章电器的使用是构成火灾的重要隐患,尤其使用劣质和大功率电器(包括劣质应急灯、充电器、电吹风、电暖气等)。学生基本没有经济收入,又缺乏社会经验,往往会购买价低质劣的电器在宿舍使用。由于学校建筑物、供电线路、供电设备,都是按照实际用电情况设计的。如果宿舍内违章使用大功率电器,使得供电线路过载发热,加速线路老化,最后短路引发火灾。

1.使用热得快

不少学生为了图方便,往往在宿舍用热得快烧水,有的忘记了正在烧水,热水瓶里的水烧干后,烧着了外壳或其他易燃物品引发火情;有的则是因为使用劣质热得快而起火。有的学生则是在给自己电子设备充电时,长时间忘记拔掉,导致充电体温度过高引起火灾。

2000年10月,某校一名女生在宿舍使用热得快,未拔电源就挂在床上,引燃衣物,导致火灾,造成经济损失1000余元。

2.用电器长期处于工作状态而无人看管

绝大部分宿舍学生充电器用后并未及时拔下,是导致学生宿舍火灾频发的重要原因。

2011年12月,某校一宿舍发生火灾,事故起因归于该宿舍两名同学将应急灯长时间充电，使蓄电池过热，引燃桌下纸箱内的易燃物造成的。所幸只是配置给该宿舍的长期物品柜等设施被烧毁，另有价值 4000 余元的学生个人财物被烧毁。

（三）随意使用明火

使用明火主要是指蜡烛，吸烟、在宿舍里焚烧杂物等。宿舍里所配置的生活设施多为木质材料。而宿舍内放置的物品又多为学生的被褥、书籍等易燃物，稍有不慎就会引发火灾。

1. 点蜡烛

一些学生考试前临时抱佛脚，晚上在宿舍点起蜡烛"加夜班"，或是加班加点看小说，有的不小心碰倒了蜡烛，或是睡着了而蜡烛未熄，结果蜡烛烧到底，点燃了书籍、床板等可燃物品，引起火灾。

1997 年 5 月 23 日凌晨 3 时许，云南省富宁县洞波乡中心学校学生侯应香在床上蚊帐内点蜡烛看书，不慎碰倒蜡烛，引燃蚊帐和衣物引起火灾，造成21 人死亡，2 人受伤。烧毁宿舍 24 平方米，直接经济损失 1.5 万元。由于学校平时缺乏对学生进行消防安全常识教育，学生没有防火意识和自防自救能力，死亡学生中，年龄最大的 17 岁，最小的只有 10 岁。

2001 年 6 月 5 日，江西广播电视发展中心艺术幼儿园发生火灾，原因是值班教师脱岗，点燃的蚊香引燃搭落在床架上的棉被所致。造成 13 名儿童（其中 7 男、6 女）死亡，1 名受轻伤，过火面积 43.2 平方米，直接财产损失达 1.3万元。

2. 吸烟

随着中小学生吸烟人数的增加，尤其是随着社会的发展，女学生吸烟的人数越来越多。有的抽完烟后不掐灭烟头，随手扔掉。烟头一旦掉在易燃物品上，很容易引起火灾。

2010 年，浦北县某中学男生宿舍起火，事发时，学生正在上课，火灾被宿舍管理人员及时发现，报告学校值班领导和老师后，将火灾扑灭，幸好没有造成人员伤亡和学生混乱。

据了解，当天晚上 10 点多钟，在晚自习下课前，宿舍管理员再次对宿舍进行了例行检查。来到四楼时，发现一间宿舍冒出浓烈的烟火，宿舍管理员便破门而入，发现整间宿舍都是浓烟，伸手不见五指，也不见有火苗，连忙向值日领导和老师汇报。摸索着拿到毛巾和水桶后，几个人便又摸索着寻找着火点，发现是一个上铺床位的棉被着火，连忙用水将烟火熄灭。

随后，闻讯赶到现场的消防人员对现场进行勘查时发现，被烧的是一铺靠窗的上铺，床板有两处已经被烧穿，床沿的铁架也被烧得焦黑，着火的棉被已经被移到走廊里，在下铺床底下一个塑料罐子装着大约10根左右的烟头，并在着火的棉被里发现一个打火机。住在该宿舍的一学生说，在下午晚饭后，曾坐在着火床铺抽烟，然后把烟头从窗口扔了出去。在下午6点40分左右，准备离开宿舍去教室时，闻到宿舍里有一股焦味，他便与另外一个同学查看了一下，没有发现异常情况，以为焦味是从窗外传进来的，这样，关上宿舍门后就到教室去了。

消防人员根据现场勘查，初步认为造成此次火灾的原因是学生吸烟不慎，导致烟灰引燃棉被形成阴燃。根据这一火灾事故，消防部门提醒学校，必须对学生加强消防安全知识的教育，提高学生的消防安全意识，消除各种消防安全隐患。

3. 焚烧杂物

中小学生尤其是高年级小学生和中学生随着年龄的增长，有的喜欢把自己认为很秘密的信件进行焚烧，非常容易引起火灾。在宿舍或走廊内焚烧杂物是非常危险的，如果人离开而火未灭，或是火太大无法控制，极易引起火灾。

2004年，某校一名女生在宿舍里焚烧信件等物，因火焰大，点燃了蚊帐，引起火灾，损失近2000元。

（四）私拉乱接电源线

学生宿舍内电源线普遍比较乱，容易导致划破绝缘层造成线路短路或因接触不良发热引起火灾。

有的学生为了方便，私拉乱接电线，加上学生接电线的技术还不过关，就容易由于电线负荷过高发生火灾。

四、发生火灾怎么办

（一）发现火情立即报警

如果发现火灾发生，最重要的是报警，这样才能及时扑救，控制火势，减轻火灾造成损失。火警电话的号码是119，在全国任何地区，向公安消防部门报告火警的电话号码都是一样的。因此每年的11月9日，被确定为消防安全日。

不能随意拨打火警电话，假报火警是扰乱社会公共秩序的违法行为。在没有电话的情况下，应大声呼喊或采取其他方法引起邻居、行人注意，请他协助灭火或报警。

（二）了解火灾燃烧特点

1.方向特点

通常，建筑火灾在起火部位（房间）发生后，先行突破门窗，其后主要走向是：烟火沿走廊蔓延，遇楼梯、电梯、垃圾道等竖向管井，形成"烟囱效应"，被迅速向上抽拔，蔓延至楼上各层。

另一条走向是：通过窗口和孔洞，由建筑外部向上发展。其中由于热力作用，高温烟气通常浮在建筑空间上部，而门窗玻璃受高温和人为原因容易破碎，空气流入便突然发生燃烧。

2.温度特点

火灾发生时温度急剧上升（约900℃），致使室内所有可燃物同时着火，如汽油失火轰然形成大面积火场，并很快使建筑物立即狂烧。发生爆燃时，尽管大火尚未及身，而身处火场的人们会被高温热浪灼伤，并立即陷身火海。

3.速度特点

如果说火势蔓延需要一个短暂的过程，而火灾中生成的高温有毒烟气体，则会在瞬间猛烈升腾，布满整个火场空间。据有关资料记载，火灾猛烈阶段，烟气水平扩散速度为0.5米/秒至0.8米/秒，烟气在楼梯间、电梯井等竖向管井中的垂直扩散速度为3米/秒至4米/秒。

（三）火灾逃生术

1.保持头脑冷静

当发生火灾时，应保持稳定的心理状态，切不可惊慌失措，以免作出错误的决断而失去逃生机会。

发现火情后,首先要辨明逃生方向,在公共场所切忌乱挤乱跑,以免因拥挤、踩踏造成不必要的伤亡。在楼梯上,应尽可能往下跑,因为火主要是向上蔓延的,如果楼梯已经烧断或被烈火封闭,那么就应当通过房顶上的天窗、阳台、下水道等建筑物结构中的凸出物向上逃生,千万不可乘电梯。

2.逃离火场

如果是平房,那么首要选择就是从门窗逃出,如果是楼房,那么就要掌握一定的技巧。一定不可贪恋钱财,延误逃生时机。

（1）结绳自救

在准备逃离房间前,应用手摸摸房门或开一道小缝观察,如果房门发烫或有浓烟扑入,说明火已离你不远,门外已经十分危险,此时要另寻生路。可将窗帘、被罩撕成粗条,结成长绳,一端紧固在暖气管道或其他足以载负体重的物体上,另一端沿窗口下垂直至地面或较低楼层的窗口、阳台处,顺绳下滑逃生。

注意应将绳索结扎牢固,以防负重后松脱或断裂。在此过程中要注意手脚并用（脚成绞状夹紧绳,双手一上一下交替往下爬）,并尽量采用手套、毛巾保护好,防止顺势滑下时脱手或将手磨破。

（2）管线下滑法

当建筑外墙或阳台边上有落水管、电线杆、避雷针引线等竖直管线时,可借助其下滑至地面,同时应注意一次下滑的人数不宜过多,以防逃生途中因管线损坏而致人摔伤。

（3）竹竿插地法

将结实的竹竿、晾衣竿直接从阳台或窗口斜插到室外地面或下一层平台,两头固定好以后顺竿滑下。注意保护手掌不要被磨伤。

（4）楼梯转移法

当火势自下而上迅速蔓延而将楼梯封死时,住在上部楼层的居民可通过老虎窗、天窗等迅速爬到屋顶,转移到另一人家或另一单元的楼梯逃生。

（5）卫生间避难法

当实在无路可逃时，可利用卫生间进行避难。用毛巾塞紧门缝，把水泼在地上降温，也可躺在放满水的浴缸里躲避。但千万不可钻到床底、阁楼、大橱等处避难，因为这些地方可燃物多且容易聚集烟气。

（6）跳楼求生法

火场上切勿轻易跳楼! 在万不得已的情况下，住在低楼层（三楼以下）的居民可采取跳楼的方法进行逃生，但首先要根据周围地形选择落差较小的地块作为着地点。首先将席梦思床垫、沙发垫、厚棉被等抛下作缓冲物，并使身体重心尽量放低，做好准备以后再跳。

3. 避免烟雾毒气

现代建筑虽然比较坚固，但几乎所有的装潢材料，如塑料壁纸、化纤地板、聚苯乙烯泡沫板、人造宝丽板等，均为易燃物品。这些化学装饰材料燃烧时散发的有毒气体，随着浓烟以快于人奔跑速度的 4~8 倍蔓延，人们即使不被烧死，也会因烟雾中毒窒息死亡。

唐山林西百货大楼发生火灾时，一片混乱，在浓烟和热浪扑来时，有位女顾客正在三楼购物，面对滚滚浓烟，她却临危不乱，趴在地上，顺着楼梯趴到二层窗口跳了出去，仅造成一点轻伤。

4. 防止引火烧身

在火灾现场，如果身上着了火，千万不能随便奔跑，因为奔跑时会形成一股小风，大量新鲜空气冲到着火人身上，就会像给火炉煽风一样，越烧越旺。着火的人到处乱跑，还会把火带到其他场所，引起新的燃烧点。身上着火时，一般是先烧衣服，这时最要紧的设法先将衣服脱掉，如果来不及脱衣服，也可就地打滚，把身上的火苗压灭。其他人也可以用棉被、大衣等物品捂盖着火人身上的着火点。

为了防止引火上身，在逃离时候可以用浸湿的棉被（或毛毯、棉大衣）披在身上，确定逃生路线后，用最快的速度冲到安全区域，但千万不可用塑料雨衣作为保护。

5. 积极待援

如果无路可逃，坚持待援可谓明智之举。可用被子蒙住门，用织物堵严门缝，并向上泼水，顶住烟火的进攻。据有关资料称：一扇标准的木门，可为人们争取到十多分钟的时间。同时可通过窗口向外面招手、呼喊、打手电筒、抛掷物品等，发出求救信号。火场中的勇敢精神和顽强行为，有时能够创造奇迹。

哈尔滨道里区发生延烧五条街道的特大火灾，致使 758 户受灾，9 人死亡，10 人重伤，而一户居住在着火六楼的居民却奇迹般地得以生存。这户居民在大火面前临危不乱，从容不迫地将阳台上的可燃物搬进屋里，同时，紧闭门窗，用浸湿的被褥、衣服蒙盖，然后，又给室内家具、地面泼水。虽然大楼周围烈火腾腾，却始终没能烧进这户人家，毒烟也未进室内，全家人不但没有伤亡，居然连家具也得以保存下来。

（四）火场救人要点

在浓烟密布的火灾现场，上空飘着一氧化碳，这时因为火灾现场地表的空气温度较高处低，浓烟向高处走。而一氧化碳比空气略轻而浮于上层，距地面 30 厘米以内的烟或毒气比较稀薄，因此救护人员要匍匐进入，发现被浓烟毒气熏倒的伤者后，应迅速将伤者的前臂重叠捆绑套在救护者的颈部迅速将伤者拖出危险之地。但请注意，这种方法不适合有脊柱损伤的伤者。

总之，面对大火，必须坚持"三要"、"三救"、"三不"的原则，才能够化险为夷，绝处逢生：

"三要"："要"熟悉自己住所的环境；"要"遇事保持沉着冷静；"要"警惕烟毒的侵害。

"三救"：选择逃生通道自"救"；结绳下滑"自救"；向外界求"救"。

"三不"：不乘普通电梯；不轻易跳楼；不贪恋财物。

五、学生宿舍防火措施

根据学生宿舍范围广、人数多的特点，学校应从管理职能部门、班主任、校卫队、联防队这几个方面着手，加强对学生的管理，齐心协力做好学生宿舍的防火工作。

（一）管理职能部门责任重大

1. 职能部门（包括保卫处、学生处、宿管办等）应经常对学生进行消防安全教育，如举行消防安全知识讲座，开展消防警示教育、平时行为规范教育等，使学生明白火灾的严重性和防火的重要性。让学生掌握防火的基本知识和灭火的基本技能，做到防患未然。

2. 职能部门应经常对学生宿舍进行检查督促，查找并整改存在的消防安全隐患。发现大功率电器和劣质电器应没收代管；发现抽烟或点蜡烛的学生应及时制止和教育，晓之以理，使其不再犯同样的错误。

3. 职能部门在消防安全方面还应加强对学生的纪律约束。不仅要对造成火灾、火情的学生进行纪律处分，对多次被查出违章用电、点蜡烛、抽烟并屡教不改的学生也应予以纪律处分。

（二）班主任做好防火工作同样重要

班主任同样应接受消防安全教育，因为一旦班主任了解防火的重要性，就会把防火列为对学生日常管理的内容之一，经常对学生进行教育、提醒和突击检查。

班主任可把防火工作纳入对学生操行等级考核，如学生被查出有违章使用大功率电器、抽烟、点蜡烛等行为，可对其品行考核降级处理。

（三）校卫队和联防队行动起来

校卫队和联防队应加强对学生宿舍的巡逻，特别是在晚上，发现学生使用大功率电器、点蜡烛、抽烟等行为，要及时制止，并报学生处或宿舍管理办公室记录在案。

另外，还可以在每幢宿舍楼组建学生消防安全小组，加强学生的自我管理和自我保护。学生安全员是学生宿舍加强安全管理的重要力量，在经过培训的基础上，他们可担负发现、处理和报告火灾隐患及初期灭火的任务。

（四）熟悉周围环境

一般说来，人们对长期居住生活的地域、环境比较熟悉，一旦遇到紧急情况即可迅即撤离火灾现场，从而减少人员伤亡。人们平时到陌生的地方（特别是在商场、宾馆等庞大建筑物中）时，应有意留心大门、楼梯、进出口通道及紧急备用出口等方位和特征，做到心中有数。

一旦遇到火灾险情时，不至于迷失方向而盲目地往火海里闯，往死胡同里钻。平时学校和家长也要跟学生一起熟悉家、学校的环境。

2002年3月1日，四川南充市府街批发市场内发生火灾，迅速蔓延的大火很快包围了上面的居民楼。年仅10岁的江皇宏和他年迈的奶奶以及三十几个邻居被困在了3楼天井中，大家都找不到逃生的出口，眼看就要命丧火海，危急时刻，小皇宏想起了一个经常和小朋友玩耍的地方。就这样，小皇宏为大家打开了一条逃离死神的"生命通道"。

（五）宿舍楼内的消防设施管理

1.室内消火栓系统

低层和多层建筑消火栓系统一般用于扑灭建筑物内初期的火灾，高度超过24米的建筑物，使用一般消防车灭火极为困难，因此其室内消防栓给水系统可提高扑救大火的能力。

2.灭火器类型

灭火器可分为干粉灭火器、二氧化碳灭火器、卤代烷灭火器、泡沫灭火器等，一般学校用的是干粉灭火器。

消防系统是控制和消除火灾的重要系统，必须按照国家标准加以建设。

宿舍安全关系到每个同学的切身利益和生命安全，关系到学校正常的教学及稳定，希望教育职能部门能不断增强消防意识，做到自觉遵守学校的有关管理规定和学生公寓文明建设管理条例，"人人为我，我为人人"，共同营造一个安全文明的住宿生活环境。

第二节 教学意外事故

由于学校这一群体的性质比较特殊，教学意外事故是学校特有但比较常见的意外事故。这些意外事故包括体育课意外伤害、劳动课意外伤害、实验室意外伤害（如水电器、强酸强碱、有毒物品等）。

[扩展阅读]

手提式ABC干粉灭火器使用方法

第一步，先撕掉小铅块，拔出保险销。

第二步，用一手压下压把后提起灭火器；

第三步，另一手握住喷嘴，将干粉射流喷向燃烧区火焰根部即可。

使用方法图解：

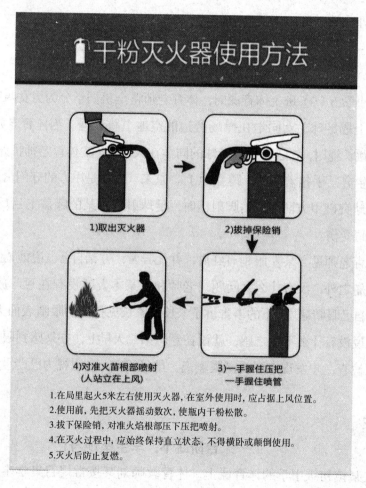

干粉灭火器使用方法

1)取出灭火器

2)拔掉保险销

4)对准火苗根部喷射
(人站立在上风)

3)一手握住压把
一手握住喷管

1.在局里起火5米左右使用灭火器，在室外使用时，应占据上风位置。

2.使用前，先把灭火器摇动数次，使瓶内干粉松散。

3.拔下保险销，对准火焰根部压下压把喷射。

4.在灭火过程中，应始终保持直立状态，不得横卧或颠倒使用。

5.灭火后防止复燃。

第四章 校园安全之意外伤害篇（上）

一、体育课意外伤害

【案例分析】

案例一

体育课摔倒，脾脏破裂

某校高二学生体育课上，体育教师带领学生做完准备活动之后，组织学生练习跳绳，教师在一旁看护。学生徐某在跳绳时不慎被绳绊倒，腹部着地，造成脾脏外伤性破裂。

案例二

足球击中脸部，学生视网膜脱落

某小学五（3）班上体育课时，体育老师将全班同学分为男女两组，男同学在操场上踢足球，女同学在操场旁边的空地上跳长绳。当体育老师在女同学处指导跳长绳时，忽然听到踢足球的同学在大声喊叫，体育老师忙跑过去一看，只见学生方某手捂着眼睛，蹲在地上。原来，方某是甲方的守门员，乙方队员王某带球突破甲方防守，抬脚射门时，足球射到方某的膝盖上后反弹到脸上，致使眼睛受伤。

体育老师见方某左眼稍有红肿，并无异常，方某自己也说能看见物品，除了有点痛之外，没有什么大问题，老师和方某本人就没有在意。放学回家后，方某将自己眼睛碰了一下的事告诉了家长，家长见孩子的眼睛表面无任何异常，孩子也说没有什么不适之感，就没在意。第二天早上，方某感到眼睛模糊，就去医院检查，才发现左眼视网膜剥离，虽经治疗，左眼视力已严重损坏，几乎失明。

案例三

一米台阶跳下，学生坠地身亡

在某镇初级中学的体育课上，体育教师刘某按常规召集学生做好了准备活动，然后分兴趣小组让学生在小组长的带领下，散点在各运动场地进行练习活动，教师巡回指导各组学生练习，并间断地参与了一些组的活动。临近下课还有五分钟左右，体育教师鸣哨集合，准备放松下课，就在此时，一名男生为了尽快到达集合点，走捷径从一米左右高的台阶上跳下，不料摔倒在地，老师见该学生倒地不动，立即跑去看望，见学生脸色苍白，马上进行紧急处理，并叫学生通报学校校医和领导，当校医赶到现场时，该男生已停止了呼吸，已经死亡。

学校体育肩负着促进亿万青少年健康成长的使命，学校体育工作开展得好坏，直接关系着人才培养的质量，关系着千家万户的幸福，关系着国家和民族的未来。国外有的专家统计，体育课发生的事故要占去全部学校事故的30%—40%。

近几年来，学校出现了多起体育课和体育比赛伤害事故，给学生和家长带来了一定伤害，同时也给学校造成巨大的经济损失，伤害事故的处理给学校体育活动的开展带来了一定的负面影响。

有些学校体育教学中存在为了安全而"因噎废食"的现象时有发生。很多教师为了学生在体育课上不出意外，采取了消极的教学方法，高难项目减掉了，易出事故的项目不要了，一些学校的体育器械干脆拆卸下来，刀枪入库。但是体育课是学校教育中不可或缺的一部分，对增强学生体质起着极其重要的作用。

学校正常的教育教学活动以及各种竞赛活动，本身具有群体性、对抗性和人身危险性，难免会发生伤害事故。正确认识安全的重要性，使运动意外伤害事故隐患降到最低点，是我们每一个体育工作者必须认真考虑和解决的问题。

（一）上体育课的衣着

上体育课大多是全身性运动，活动量大，还要运用很多体育器械，如跳箱、单双杠、铅球……所以为了安全，上课时衣着有一定的讲究：

1. 衣服上不要别胸针、校徽、证章等。

2. 上衣、裤子口袋里不要装钥匙、小刀等坚硬、尖锐锋利的物品。

3. 不要佩戴各种金属的或玻璃的装饰物。

4. 头上不要戴各种发卡。

5. 患有近视眼的同学，如果不戴眼镜可以上体育课，就尽量不要戴眼镜。如果必须戴眼镜，做动作时一定要小心谨慎。做垫上运动时，必须摘下眼镜。

6. 不要穿塑料底的鞋或皮鞋，应当穿球鞋或一般胶底布鞋。

7. 衣服要宽松合体，最好不穿纽扣多、拉锁多或者有金属饰物的服装。有条件的应该穿着运动服。

（二）体育课授课过程中的注意事项

体育课在中小学阶段是锻炼身体、增强体质的重要课程。体育课上的训练内容是多种多样的，根据体育课教学目标不同，所用器械也有所差异，因此要注意的事项也不同：

1. 在进行单、双杠和跳高训练时，要采取各种有效的方法，使双手握杠时不打滑，避免从杠上摔下来受伤。器械下面必须准备好符合要求的海绵垫子。如果直接跳到坚硬的地面上，有可能伤及腿部关节或后脑。

2. 在进行跳箱、鞍马等跨越训练时，器械前要有跳板，器械后要有保护垫，同时要有老师和同学在器械旁站立保护。如果老师不在或器械前后缺乏保护措施，同学们千万不可跳跃。

3. 跳远时，必须严格按老师的指导助跑、起跳。起跳前前脚要踏中木制的起跳板，起跳后要落入沙坑之中。这不仅是跳远训练的技术要领，也是保护身体安全的必要措施。

4. 进行投掷训练时，如投手榴弹、铅球、铁饼、标枪等，绝对要按老师的口令行动，令行禁止，不能有丝毫的马虎。因在进行投掷训练时，这些体育器材有的坚硬沉重，有的前端装有尖利的金属头，如果擅自行事，就有可能击中他人或者自己被击中，造成受伤，甚至发生生命危险。

5. 短跑等项目要按照规定的跑道进行，不能串跑道。这不仅仅是竞赛的要求，也是安全的保障。特别是快到终点冲刺时，更要遵守规则，因为这时人身体的冲力很大，精力又集中在竞技之中，思想上毫无戒备，一旦相互绊倒，就可能严重受伤。

6. 前后滚翻、俯卧撑、仰卧起坐等垫上运动的项目，做动作时要严肃认真，不能打闹，以免发生扭伤。

7. 参加篮球、足球等项目的训练时，要学会保护自己，也不要在争抢中蛮干而伤及他人。在这些争抢激烈的运动中，自觉遵守竞赛规则对于安全是很重要的。

（三）运动会注意事项

运动会的竞赛项目多、持续时间长、运动强度大、参加人数多，为了防止意外事故的发生，需要注意的问题也不少：

1. 要遵守赛场纪律，服从调度指挥，这是确保安全的基本要求。

2. 没有比赛项目的学生不要在赛场中穿行、玩耍，要在指定的地点观看比赛，以免被投掷的铅球、标枪等击伤，也避免与参加比赛的学生相撞。

3. 参加比赛前做好准备活动，以使身体适应比赛。

4. 在临赛的等待时间里，要注意身体保暖，春秋季节应当在轻便的运动服外再穿上防寒外衣。

5. 临赛前不可吃得过饱或者过多饮水。临赛前半小时内，可以吃些巧克力，以增加热量。

6. 比赛结束后，不要立即停下来休息，要坚持做好放松活动，例如慢跑等，使心脏逐渐恢复平静。

7. 剧烈运动以后，不要马上大量饮水、吃冷饮，也不要立即洗冷水澡。

二、劳动课意外伤害

近年来，家长越来越关心自己的孩子在学校的安全，希望他们能平平安安地健康成长，但有时"宝贝"在校也会碰到一些人身意外事故，因此，如何有效降低事故发生的频率，成了他们需要关心的事。

【引导案例】

案例一

孩子参加学校劳动意外受伤 双目失明被迫辍学

2002年4月16日下午，嘉峪关市峪泉镇黄草营小学组织学生参加劳动，五年级学生扬扬和几名同班同学用架子车清运校园内的垃圾。约5时许，在运送完最后一车垃圾返回校园后，同学们推着架子车嬉戏。不料，架子车突然倾翻，将坐在架子车上的扬扬压在了车底，鲜血从扬扬的鼻孔等部位流出，同学们被这突如其来的场面吓呆了。

数分钟后，学校老师闻讯赶到现场，将昏迷的扬扬抬上急救车送往医院进行急救。经医院诊断为：重伤型颅脑伤，颅底骨折，脑脊液漏，双眼外伤性白内障，双眼视神经萎缩。

第四章 校园安全之意外伤害篇（上）

事故发生之后，扬扬的父母和亲属想尽一切办法挽救，求亲友借了不少债；加之扬扬在学校曾参加人寿保险，保险公司在其治疗期间给予3万余元的保险赔偿，学校也预先垫付了部分资金，治疗才得以继续。

经过260多天的治疗，扬扬的伤势基本愈合，但是外伤后遗症、双眼视神经萎缩和脑积水等症状需要继续治疗。由于经费不足，黄草营小学"爱莫能助"，扬扬的进一步治疗中断，双目几近失明。

2004年4月，扬扬母亲一纸诉状将黄草营小学告上法庭，要求对扬扬进行伤残鉴定，同时要求学校赔偿经济和精神损失费50万元。

案例二

学生搬运课桌受伤，导致下肢瘫痪

2002年9月某天，某市某学校学生严某根据老师安排，在学校搬运课桌时，右大腿碰到课桌角后双脚麻木，不能站立，经医院诊断为胸段脊髓损伤，下肢瘫痪，司法鉴定结论为：伤残后果相当于道路交通事故一级伤残，已完全丧失劳动能力。为此花费了16万多元的医疗费用。严某向法院起诉，要求学校赔偿因参加学校劳动遭受的人身损害。

中小学生在学校学习阶段，常有机会参加学校组织的各种社会实践活动，例如劳动课或到工厂农村参加义务劳动，开展社会调查，参加各类公益活动等等。如何保证参加社会实践过程中的安全呢？

（一）参加社会实践活动，同学将面对许多自己从未接触过的或不熟悉的事情，要保证安全，最重要的是遵守活动纪律，听从老师或有关管理人员的指挥，统一行动，不许擅自行事。

（二）参加社会实践活动，要认真听取有关活动的注意事项，什么是必须做的，什么是可以做的，什么是不允许做的，不懂的地方要询问、了解清楚。

（三）参加劳动，学生必然要接触、使用一些劳动工具、机械电器设备，在这个过程中，要仔细了解它们的特点、性能、操作要领，严格按照有关人员的示范，并在他们的指导下进行。

（四）对活动现场一些电闸、开关、按钮等，不随意触摸、拨弄，以免发生危险。

（五）注意在指定的区域内活动，不随意四处走动、游览，防止意外发生。

三、实践课意外伤害

【案例分析】

案例一

实验课操作不当，硫酸烧伤面部

1994 年，某中学初三 (1) 班学生上用浓硫酸配制稀硫酸溶液的实验课。化学教师王 XX 详细地讲解了相关的操作要求和注意事项，并特别强调，切不可把水直接向浓硫酸中一次倒入……王老师讲解后，还为学生规范地演示了操作。分组实验开始后，王老师沿组进行指导。第一组的学生林 XX 上课不注意听讲，分组实验一开始，就自以为是地把水直接向装有 50 毫升的浓硫酸的烧杯中倒入，顿时烟起酸溅，其脸上部分烧伤，手多处受害。王老师及时将其送医疗室正确清洗、医护，虽未造成严重后果，但花去医疗费 200 余元。事后家长到校纠缠，提出此事故乃学生在上课期间发生，应由学校和王老师承担责任。

案例二

操作程序不当，化学实验课成毁容课

1991 年，某中学初三 (2) 班学生上氢气的制取和氢气化学性质的实验课。上课的陈老师认为平时上课时有关的注意事项都讲过，本节课是学生的实践体验，只交代学生要认真做好实验记录，就让学生自行操作，而他自己却先是在讲课桌上埋头批改作业，后又到实验室门口与实验室管理员闲谈。

实验开始不久，第五组的同学沈 XX 做氢气的燃烧实验时，因操作程序不当，未经氢气纯度检验，就直接点燃氢气发生器的导气管，发生爆炸，酸液外溅，使同组的同学刘 XX 的眼睛、脸部多处受伤害，其本人的手部也被酸烧伤。

案例三

试管清洗方法不当，三名小学生中毒

重庆市一堂小学五年级的化学实验课上，三名小学生在老师指导下，学习用高锰酸钾加热产生氧气，实验结束后，老师让三人将实验用过的一支试管拿到水槽清洗。三人中一名男生没向试管注水就将粉末倒出，粉末扬起，三名学生均有不同程度吸入。十分钟后，3 人出现不同程度的昏迷、胸闷、气喘，三天后，清洗试管的男生出现流鼻血、呕吐、腰痛等症状，重庆医科大儿童医院接诊专家初步判断三名学生为金属钾或金属锰中毒，严重的一名学生在重症

监护室治疗三天病情得以稳定。

实验室是从事实验教学、科学研究、社会服务的重要场所，是培养学生动手能力、创新能力，提高学生综合素质的重要基地。实验室安全管理，对学生具有深远的影响。从实验室的布局、设备的维护保养，到危险化学品的存放、仪器设备的使用记录、安全检查记录，到实验室的管理模式、管理制度等许多方面，都在训练学生严谨求实、精益求精的作风，培养学生安全实验的良好习惯。但实验室中潜伏着许多危险因素，稍有疏忽，极易出现安全事故，影响师生的身体健康，进而影响教学、科研任务的顺利完成。所以说实验室安全管理，责任重于"泰山"。

（一）工作人员和实验室安全的一般要求

1. 实验室内禁止吸烟。

2. 食物、饮料及其他实验区内不得有食物、饮料及存在"手—口"接触可能的其他物质。

3. 除穿着统一白大褂外，还应保持着装干净、整洁。留长发的人员头发不得垂肩，应将头发盘在脑后，以防止头发接触到被污染物和避免人体脱屑落入实验操作区。不得佩戴耳环、戒指等饰品。

4. 实验人员在脱下手套后、离开实验室前、接触实验动物前后，以及在进食或吸烟前都应该洗手。接触血液、体液或其他污染物时，应立即洗手。

6. 实验员应掌握眼睛冲洗器、急救淋浴装置的使用方法，及时处理酸、碱或腐蚀剂喷溅等意外事故。

7. 谨慎处理针头、解剖刀和碎玻璃等锐利物品。使用后的针具不要折断、弯曲、破损。一次性注射器上的针头用后不要取下。锐利物品应立即放置在容器内，统一处理。

8. 实验室内的仪器设备应定期保养维修，实验人员在实验结束后填写使用记录。

9. 每次实验结束后，实验人员应配合教师清洁实验室。实验室内要定期消毒。离开实验室前，确保实验室内所有电源、水源关闭后，方可离开。

（二）实践课意外伤害的预防处理

很多事故是由于学校、教师的麻痹大意造成的。上述案例，如果教师能够亲自指导学生清洗试管，或在要求学生清洗试管前再次强调注意事项，将大大降低伤害事件发生的可能性。

因此加强教师、学校的责任意识，加强教师、学校的防范能力是保护未成年人安全的关键。

1. 火灾事故的预防和处理

（1）火灾事故的预防

1）保证实验室前后门敞开，确保安全通道畅通。

2）在使用苯、乙醇、乙醚、丙酮等易挥发、易燃烧的有机溶剂时如操作不慎，易引起火灾事故。因此实验时供给量应控制在有效并安全进行实验的最小量。

3）操作和处理易燃、易爆溶剂时，应远离火源；对易爆炸固体的残渣，必须小心销毁（如用盐酸或硝酸分解金属化物）；不要把未熄灭的火柴梗乱丢；对于易发生自燃的物质（如加氢反应用的催化剂雷尼镍）及沾有它们的滤纸，不能随意丢弃，以免造成新的火源，引起火灾。

4）实验前应仔细检查仪器装置是否正确、稳妥与严密；操作要求正确、严格；常压操作时，切勿造成系统密闭，否则可能会发生爆炸事故；对沸点低于80℃的液体，一般蒸馏时应采用水浴加热，不能直接用火加热；实验操作中，应防止有机物蒸气泄漏出来，更不要用敞口装置加热。若要进行除去溶剂的操作，则必须在通风橱里进行。

5）实验室里不允许贮放大量易燃物

常见的火源是明火、加热器件和电火花（电灯开关、电动机、摩擦和静电）。实验结束后确保熄灭各种明火，拔掉电源插头。并对电气设备的接地、漏电和墙上插座的接地、极性进行定期检查。实验室配备足够扑灭各种火情并协助全体人员从失火现场及其附近撤离的相应消防设备。根据上级消防部门的规定配备、摆放灭火器，并根据要求对灭火器进行定期检查维修。

6）实验教师应熟练掌握灭火器的操作，遇到火情应及时报警，并组织实验人员安全撤离。

（2）实验室火灾的扑灭方法

实验中一旦发生了火灾，切不可惊慌失措，应保持镇静。首先立即切断室内一切火源和电源。然后根据具体情况正确地进行抢救和灭火。常用的方法有：

1）在可燃液体燃着时，应立即拿开着火区域内的一切可燃物质，关闭通风器，防止扩大燃烧。

2）酒精及其他可溶于水的液体着火时，可用水灭火。

3）汽油、乙醚、甲苯等有机溶剂着火时，应用石棉布或干砂扑灭。绝对不能用水，否则反而会扩大燃烧面积。

4）金属钾、钠或锂着火时，绝对不能用水、泡沫灭火器、二氧化碳、四氯化碳等灭火，可用干砂、石墨粉扑灭。

5）注意电器设备导线等着火时，不能用水及二氧化碳灭火器（泡沫灭火器），以免触电。应先切断电源，再用二氧化碳或四氯化碳灭火器灭火。

6）衣服着火时，千万不要奔跑，应立即用石棉布或厚外衣盖熄，或者迅速脱下衣服，火势较大时，应卧地打滚以扑灭火焰。

7）发现烘箱有异味或冒烟时，应迅速切断电源，使其慢慢降温，并准备好灭火器备用。千万不要急于打开烘箱门，以免突然进入空气助燃（爆），引起火灾。

8）发生火灾时应注意保护现场。较大的着火事故应立即报警。若有伤势较重者，应立即送医院。

此外，专家还建议将少年儿童的伤害预防列入师范院校和小学生的教学内容；充分发挥班主任老师和家长在伤害预防教育方面的主导作用及学校同学之间的互相督促作用。

2.爆炸事故的预防与处理

（1）某些化合物容易爆炸。如：有机化合物中的过氧化物、芳香族多硝基化合物和硝酸酯、干燥的重氮盐、叠氮化物、重金属的炔化物等，均是易爆物品，在使用和操作时应特别注意。含过氧化物的乙醚蒸馏时，有爆炸的危险，事先必须除去过氧化物。若有过氧化物，可加入硫酸亚铁的酸性溶液予以除去。芳香族多硝基化合物不宜在烘箱内干燥。乙醇和浓硝酸混合在一起，会引起极强烈的爆炸。

（2）仪器装置不正确或操作错误，有时会引起爆炸。如果在常压下进行蒸馏或加热回流，仪器必须与大气相通。在蒸馏时要注意，不要将物料蒸干。在减压操作时，不能使用不耐外压的玻璃仪器（例如平底烧瓶和锥形烧瓶等）。

（3）氢气、乙炔、环氧乙烷等气体与空气混合达到一定比例时，会生成爆炸性混合物，遇明火即会爆炸。因此，使用上述物质时必须严禁明火。对于放热量很大的合成反应，要小心地慢慢滴加物料，并注意冷却，同时要防止因滴液漏斗的活塞漏液而造成的事故。

3.中毒事故的预防与处理

（1）中毒事故的预防

实验中的许多试剂都是有毒的。有毒物质往往通过呼吸吸入、皮肤渗入、误食等方式导致中毒。

处理具有刺激性、恶臭和有毒的化学药品时，如 H_2S、NO_2、Cl_2、Br_2、CO、SO_2、SO_3、HCl、HF、浓硝酸、发烟硫酸、浓盐酸、乙酰氯等，必须在通风橱中进行。通风橱开启后，不要把头伸入橱内，并保持实验室通风良好。

实验中应避免手直接接触化学药品，尤其严禁手直接接触剧毒品。沾在皮肤上的有机物应当立即用大量清水和肥皂洗去，切莫用有机溶剂洗，否则只会增加化学药品渗入皮肤的速度。

溅落在桌面或地面的有机物应及时除去。如不慎损坏水银温度计，撒落在地上的水银应尽量收集起来，并用硫磺粉盖在撒落的地方。

实验中所用剧毒物质由各课题组技术负责人负责保管、适量发给使用人员并要回收剩余。实验装有毒物质的器皿要贴标签注明，用后及时清洗，经常使用有毒物质实验的操作台及水槽要注明，实验后的有毒残渣必须按照实验室规定进行处理，不准乱丢。

（2）中毒事故的处理

操作有毒物质实验中若感觉咽喉灼痛、嘴唇脱色或发绀，胃部痉挛或恶心呕吐、心悸头晕等症状时，则可能系中毒所致。视中毒原因施以下述急救后，立即送医院治疗，不得延误。

1）固体或液体毒物中毒：有毒物质尚在嘴里的立即吐掉，用大量水漱口。误食碱者，先饮大量水再喝些牛奶。误食酸者，先喝水，再服 $Mg(OH)_2$ 乳剂，最后饮些牛奶。不要用催吐药，也不要服用碳酸盐或碳酸氢盐。

重金属盐中毒者，喝一杯含有几克 $MgSO_4$ 的水溶液，立即就医。不要服催吐药，以免引起危险或使病情复杂化。砷和汞化物中毒者，必须紧急就医。

2）吸入气体或蒸气中毒者：立即转移至室外，解开衣领和纽扣，呼吸新鲜空气。对休克者应施以人工呼吸，但不要用口对口法，立即送医院急救。

4.实验室触电事故的预防与处理

（1）实验室仪器用电注意事项

实验室应装有足够的插座，分布要合理，以减少在插座上接上其他多用插座和避免拖拉过多的电线。在实验结束后，拔除临时插座。

电器设备必须接地或用双层绝缘。电线、电源插座、插头必须完整无损。在潮湿环境的电器设备，要安装接地故障断流器。使用电器时，应防止人体与电器导电部分直接接触及石棉网金属丝与电炉电阻丝接触；不能用湿的手或手握湿的物体接触电插头；电热套内严禁滴入水等溶剂，以防止电器短路。

为了防止触电，装置和设备的金属外壳等应连接地线，实验后应先关仪器开关，再将连接电源的插头拔下。

检查电器设备是否漏电应该用试电笔，凡是漏电的仪器，一律不能使用。

（2）发生触电时急救方法

1）关闭电源；

2）用干木棍使导线与被害者分开；

3）使被害者和土地分离，急救时急救者必须做好防止触电的安全措施，手或脚必须绝缘。必要时进行人工呼吸并送医院救治。

（3）维修与维护

所有电器设备的维修与维护只能由取得正式资格的维修人员进行。

5.实验室其他事故的急救知识

（1）玻璃割伤

一般轻伤应及时挤出污血，并用消过毒的镊子取出玻璃碎片，用蒸馏水洗净伤口，涂上碘酒，再用创可贴或绷带包扎；大伤口应立即用绷带扎紧伤口上部（近心脏端），使伤口停止流血，急送医院就诊。

（2）烫伤

被火焰、蒸气、红热的玻璃、铁器等烫伤时，应立即将伤口处用大量水冲洗或浸泡，从而迅速降温避免高温烫伤。若起水泡则不宜挑破，应用纱布包扎后送医院治疗。对轻微烫伤，可在伤处涂些鱼肝油或烫伤油膏或万花油后包扎。若伤处皮肤呈棕色或黑色（三级灼伤），应用干燥而无菌的消毒纱布轻轻包扎好，急送医院治疗。

（3）被酸、碱或溴液灼伤

1) 皮肤被酸灼伤要立即用大量流动清水冲洗（皮肤被浓硫酸沾污时切忌先用水冲洗，以免硫酸水合时强烈放热而加重伤势，应先用干抹布吸去浓硫酸，然后再用清水冲洗），彻底冲洗后可用2%～5%的碳酸氢钠溶液或肥皂水进行中和，最后用水冲洗，涂上药品凡士林。

2) 碱液灼伤要立即用大量流动清水冲洗，再用2%醋酸洗或3%硼酸溶液进一步冲洗，最后用水冲洗，再涂上药品凡士林。

3) 酚灼伤时立即用30%酒精擦洗数遍，再用大量清水冲洗干净而后用硫酸钠饱和溶液湿敷4～6小时，由于酚用水冲淡1:1或2:1浓度时，瞬间可使皮肤损伤加重而增加酚吸收，故不可先用水冲洗污染面。

受上述灼伤后，若创面起水泡，均不宜把水泡挑破。重伤者经初步处理后，急送医务室。

（4）酸液、碱液或其他异物溅入眼中

1) 酸液溅入眼中，立即用大量水冲洗，再用1%碳酸氢钠溶液冲洗。

2) 若为碱液，立即用大量水冲洗，再用1%硼酸溶液冲洗。洗眼时要保持眼皮张开，可由他人帮助翻开眼睑，持续冲洗15分钟。重伤者经初步处理后立即送医院治疗。

3) 若木屑、尘粒等异物，可由他人翻开眼睑，用消毒棉签轻轻取出异物，或任其流泪，待异物排出后，再滴入几滴鱼肝油。若玻璃屑进入眼睛内是比较危险的。这时要尽量保持平静，绝不可用手揉擦，也不要让别人翻眼睑，尽量不要转动眼球，可任其流泪，有时碎屑会随泪水流出。用纱布，轻轻包住眼睛后，立即将伤者急送医院处理。

4）水银中毒

水银容易由呼吸道进入人体，也可以经皮肤直接吸收而引起积累性中毒。严重中毒的征象是口中有金属气味，呼出气体也有气味；流唾液，牙床及嘴唇上有硫化汞的黑色；淋巴腺及唾液腺肿大。若不慎中毒时，应送医院急救。急性中毒时，通常用碳粉或呕吐剂彻底洗胃，或者食入蛋白（如1升牛奶加3个鸡蛋清）或蓖麻油解毒并使之呕吐。

（三）实验室急救箱

医药箱内一般有下列急救药品和器具：

1.医用酒精、碘酒、红药水、紫药水、止血粉、凡士林、烫伤油膏（或万花油），1%硼酸溶液或2%醋酸溶液，1%碳酸氢钠溶液等。

2.医用镊子、剪刀、纱布、药棉、棉签、创可贴、绷带等。医药箱专供急救用，不允许随便挪动，平时不得动用其中器具。

第三节 校园踩踏事故

【案例分析】

1. 2000年10月15日上午，陕西省长安县韦曲镇中心小学课间铃响后，二年一班的徐婷和她的伙伴急匆匆地跑向几百米外的厕所，但就在通向厕所的楼梯上，几百名女生拥向唯一可以使用的女厕所，厕所位于二楼一个宽度不足一米的楼梯。当天学校又停电，楼道特别昏暗，一个孩子蹲下来系鞋带被后面学生压倒，导致踩踏事故，造成9名学生被踩伤，1人因伤势严重抢救无效死亡。

2. 2002年9月23日，内蒙古乌兰察布盟丰镇市第二中学发生学生拥挤造成楼梯护栏坍塌事故，事故中21名学生死亡，47名学生受伤。

3. 2005年10月，新疆阿克苏市农一师第二中学附小发生踩踏事故，13名小学生受伤，其中1名身亡。

3. 2006年11月，江西都昌县土塘中学因学生系鞋带引发一起踩踏事件，造成6人死亡，39名学生受伤。

4. 2007年8月，云南曲靖市马龙县一所小学发生踩踏事件，17名小学生不同程度受伤，其中 2 名学生伤势比较严重。

5. 2008 年 4 月 23 日，重庆市涪陵区百胜镇中心小学当天上午第三、四节课的时间，全校约 800 名小学生带着凳子在操场上集会，举行演讲比赛和一个募捐活动。集会结束后，学生们将凳子放回教室。在教学楼第一楼的楼梯间内，发生被挤踩踏事故，6 名小学生在事故中受伤。

6. 2009 年 10 月，四川省通江县广纳镇中心小学发生学生踩踏事故，8 名学生死亡，27 名学生受伤，其中 7 人重伤。

7. 2009 年 12 月 7 日　湖南省湘潭市辖内的湘乡市私立育才中学发生一起伤亡惨重的校园踩踏事件，一名学生在下楼梯的过程中跌倒，骤然引发拥挤踩踏。造成 9 人死亡，26 人受伤。

8. 2011 年 11 月，新疆阿克苏市第五小学发生踩踏事故，6 人重伤，34 人为轻伤。

一、何为校园踩踏事故

校园踩踏事故，是指在校期间大量学生拥挤移动时，有人意外跌倒后，后面不明真相的学生依然在前行，对跌倒的学生产生踩踏，从而产生惊慌，加剧的拥挤和新的跌倒人数，并恶性循环的群体伤害的意外事件。

踩踏事件给这些学生的家庭带来了不幸，同时也是我们大家心头的痛，他们都还是花样年华的孩子，因为这些本可以避免的安全问题，就这样离开了我们。拥挤是突发事件，当我们遇到拥挤情形时应该保持冷静，沉着应对，谨防因为突发的拥挤致使人身伤害发生。

二、校园踩踏事故多发的原因

由于学校是一个人口密度大，活动集中的地方，加之中小学生好动活泼，也就成为踩踏事件的多发地点。在行进的人群中，如果前面有人摔倒，而后面不知情的人若继续向前进的话，那么人群中极易出现像"多米诺骨牌"一样连锁倒地的拥挤踩踏现象。学校中的拥挤踩踏事故最容易导致学生群死群伤。

（一）学校踩踏事故多发生在下晚自习、下课、上操、就餐、集会和放学时，学生相对集中，且心情急迫。

（二）学生上下楼梯时由于心情急切往往容易发生拥挤，在教学楼上下层之间的楼梯转弯处是危险的地点。事故发生地点多在教学楼一、二层之间的楼梯拐弯处。上面几层的学生下到此处相对集中，形成拥挤。如果通道狭窄，楼梯，

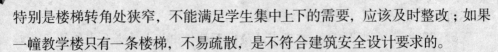

特别是楼梯转角处狭窄，不能满足学生集中上下的需要，应该及时整改；如果一幢教学楼只有一条楼梯，不易疏散，是不符合建筑安全设计要求的。

（三）学生不易控制自己的情绪，遇事慌乱，常常出现拥挤并大喊大叫的现象，使场面失控。

（四）学生不善于自我保护，平时缺乏对事故防范知识的学习和训练，无应急措施。在拥挤时或弯腰拾物被挤倒或被滑倒、绊倒，造成挤压事故。

（五）有个别学生搞恶作剧，遇有混乱情况时狂呼乱叫，推搡拥挤，以此发泄情绪或恶意取乐，致使惨剧发生。

（六）楼梯通道照明不足，晚上突然停电或楼道灯光昏暗，没有及时更换损坏的照明设备，也容易造成恐慌和拥挤。

三、校园踩踏事故的预防

在学校常见一些学生在楼梯间追逐打闹，也不时有碰撞摔跤，也有很多同学在下课、上操、放学时，在楼梯上拼命跑上跑下。这些行为都存在安全隐患。

（一）学校要加强对学生安全知识的教育和技能的训练

学生的行为意识决定着学生的生命安全。学校应该经常对学生进行安全知识教育，学校应该在每学期定期搞安全撤离演练活动，以此提高师生的安全撤离能力。

1.明确要求不准在楼梯间打闹、恶作剧等。上下楼梯要相互礼让，靠右行走，遵守秩序，注意安全。不拥挤，不吵闹，不起哄。人多时要谦让，高年级学生礼让低年级学生，男生礼让女生。

2.教育和训练学生参加学校的课间操、升旗仪式和其他重大的集会仪式时，要服从安排，分年级、分班级依次上下楼。

3.教育带领学生平时留意自己身边的生活、学习环境、熟悉疏散。

4.在学生上晚自习时有老师值班，下课时有人疏导；在学生推搡拥挤推搡时有老师要严厉制止，就能够有效避免惨剧的发生。

5.上课期间，教学大楼的所有大小门都要打开，一旦发生拥挤踩踏或者火灾等问题，便于及时有效地疏散。不论刮风下雨、暴雪浓雾，都要坚持按照学校的规划路线上下课。

6.教师有责任教育学生遵守学校规定，特别是上下楼道应该注意安全的问题要经常讲，以引起学生的高度重视。发现拥挤苗头及时撤离，提高自我防范踩踏事故的能力。

（二）学校的安全设施要齐全

学校的安全设施是师生安全的重要保证。寄宿制学校的教学楼、公寓楼都应该在主要交通部位安装应急灯和警示标志，以保证在停电时让师生安全撤离，保证楼道楼梯照明设施安全检查制度等，认真检查，切实保障师生的生命安全。

据调查，阿克苏第五小学出事楼道的宽度只有1.5米，而这个学校的总人数达到1600人，可以想象当初学生们蜂拥而下，拥挤在狭窄的楼道的情景。

2009年湖南湘乡育才中学发生校园踩踏事故，造成8人罹难、26人受伤。湘乡育才中学的楼道宽度也低于全国标准水平，同时楼道里灯光昏暗，而且楼梯上防滑设施缺乏，楼梯扶手也已经老化，所以当学生们蜂拥而下的时候，就酿成了惨剧。

（三）应该强化学校领导的安全意识和责任心

近年来，学校踩踏事故接连不断地发生，已经成了学校安全事故的重中之重，早已引起了国家各级教育主管部门的高度重视，在多次会议上反复强调预防拥挤踩踏事故，但此类事故却接连不断屡屡发生，痛心的惨剧，惨不忍睹的画面，应该给学校领导们以警示。学校领导是学校的法人，是第一责任人，从某种意义上说是教职员工和学生生命的主宰者。

（四）严格按照国家的规定办学

中国现在约有21000万小学生和2200万学龄前儿童，如此多的学生，使得学校的班级规模也在扩大。国家规定小学每班不得超过45人，原因在于初中40-50人的规定是按照人均占有空间、采光、空气流通、建筑物的承受力、通道的疏散能力等多种因素决定的，如果超过了其中某种因素的承载力，就有可能出现安全隐患。

我们办学的目的是为人民服务，但有些学校，却以追求高额利润为目的，盲目扩大招生，人满为患，一些地区每班人数竟达到了60甚至70人。再加上

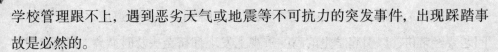

学校管理跟不上，遇到恶劣天气或地震等不可抗力的突发事件，出现踩踏事故是必然的。

基于以上原因，有关部门要严格监督各个学校的安全教育实施情况，学校自身要将安全教育落实到位，要注意及时更换相关安全设备，合理安排学生的学习活动时间。学生自己也应该对自己负责，学习好安全教育的知识。

（五）加强检查，完善设施设备

1. 定期检查

学校要对楼梯通道、照明设施等，定期检查，及时修理更换，消除安全隐患，对不符合国家有关规定的校舍、设施设备，及时报告当地政府和教育行政部门予以解决。

2. 确保通畅

学校应在楼道里安装应急灯，及时清理楼道、楼梯间等通道的堆积物，确保楼道、楼梯通畅。

3. 标志明显

学校要在楼梯台阶上画中间标志线及行进方向指示标志，在楼梯迎面墙壁上悬挂提醒学生上下楼梯注意安全的标志牌，楼道和楼梯的墙壁要有标明逃生方向的灯箱。

四、做好踩踏意外事故预防预案

建立踩踏事故救护预案。学校针对这类事故的特点，成立一支应急小分队，从救护车辆、救护人员、分流路线等方面制定详细的方案，确保在事故发生的第一时间能对事故做最好的处理。

（一）采取分流放学的方式，防止一拥而下的局面发生。在放学时，值周学生、教师必须到指定岗位维护秩序，行政领导负责督岗。课间或活动期间，校园广播可公开提醒学生"小心慢行"。

（二）建立安全上下楼制度。要求各班班主任、任课教师在下课时组织好本班学生排队，按顺序有序上下楼，并紧跟班级，不能离开。各楼层楼道口，有值周学生值日，对乱跑、乱串、拉拉扯扯、大呼小叫的学生除批评外，还要登记，纳入一周评比中。一楼楼梯口值周教师负责组织好学生排队有序上下楼。

（三）利用班队会、晨会时间教育学生"谦让、友好、团结"。在楼梯上，彼此互相关心，他有困难我帮他，我有困难他帮我，互谦互爱是防止打闹事故的"疫苗"。

五、遇到踩踏怎么办

一般来讲，当人群因恐慌、愤怒、兴奋而情绪激动失去理智时，危险往往容易产生。此时，如果你正好置身在这样的环境中，就非常有可能受到伤害。在一些现实的案例中，许多伤亡者都是在刚刚意识到危险时就被拥挤的人群踩在脚下，因此如何判别危险，怎样离开危险境地，如何在险境中进行自我保护，就显得非常重要。

（一）自救

1. 发觉拥挤人流向自己行走的方向拥来时，应该马上避到一旁，或蹲在附近的墙角下，或是抓住楼梯扶手，但是不要奔跑，以免摔倒。不要逆着人流前进，那样非常容易被推倒在地。

2. 假如陷入拥挤的人流时，一定要先站稳，身体不要倾斜失去重心，要用一只手紧握另一手腕，双肘撑开。平放于胸前，要微微向前弯腰，形成一定的空间，保证呼吸顺畅，以免拥挤时造成窒息晕倒。即使鞋子被踩掉，也不要弯腰捡鞋子或系鞋带。

3. 尽量紧紧抓住楼梯扶手等坚固牢靠的东西，在拥挤混乱的情况下，双脚站稳，抓住身边一件牢固物体（栏杆或柱子），但要远离店铺和柜台的玻璃窗。待人流过后，然后再离开现场。

4. 若自己不幸被人群挤倒后，要设法靠近墙角，身体蜷成球状，双手在颈后十指紧扣以保护身体最脆弱的部位。

5. 当发现自己前面有人突然摔倒了，马上要停住脚步，同时大声呼救，告知后面的人不要向前靠近。

（二）学校施救措施

学校发生或接到突发安全事故后，必须在最短时间（5–10分钟内）向上级主管部门汇报，并及时向公安、交警、卫生、消防等相关部门报案请求援助。学校本着"先控制、后处置、救人第一、减少损失"的原则，果断处理，积极抢救。

1. 互救

第一步：检查受伤者，如已失去知觉，又呈俯卧状，应小心地将其翻转。

第二步：保持受伤者呼吸道畅通，使受伤者头后仰，防止因舌根后坠堵塞喉部。

第三步：若受伤者已无呼吸，立即进行口对口人工呼吸。如果受伤者在恢复呼吸后出现呕吐，须防止呕吐物进入气管。

第四步：救护者一手放在受伤者的额头上，使其维持头部后仰，另一手用指尖轻摸位于气管或喉两侧的颈动脉血管，感觉有无脉搏跳动，如有则说明心跳恢复，抢救成功；如果没有，说明心跳尚未恢复，需立即采取胸外心脏按压术进行抢救。

2. 特殊情况

（1）大量出血不止

当受伤者伤及较大的动、静脉血管、流血不止时，必须立刻采取止血措施。常见的止血方法有加压包扎止血法和指压止血法。加压包扎止血法是用干净、消过毒的厚纱布覆盖在伤口，用手直接在敷料上施压，然后用绷带、三角巾缠绕住纱布，以便持续止血。指压止血法是用手指压住出血伤口的上方（近心脏端），阻断血流，达到止血的目的。

（2）骨折

发生骨折后，应设法固定骨折部位，防止发生位移。固定时应针对骨折部位采取不同的方式，可用木板、木棍加捆绑的方式固定骨折部位。受伤者发生骨折无大量出血，且事故发生地离医院近时，可让受伤者原地不动，等待医生救援。

总之，在学校里，学生面对踩踏事故时，要牢记以下顺口溜：

人挤心别慌,摸墙贴边走;不怕脚踩风,就怕手抓空;扶稳抓稳后,接着向前走;如果被挤倒,身体缩成球;双手抱颈后,护好头颈胸。

第四节　校车安全

【案例分析】

2005年10月7日凌晨5时50分，重庆市奉节县一无牌无证客货两用车在私自运送27名学生返校途中发生重大交通事故，车辆翻坠于40米下的高坡，造成奉节县吐祥中学、龙泉中学共计5名学生死亡，3名重伤。

2005年11月14日，山西沁源二中学生在校外晨跑过程中，发生了21人死亡的特大交通事故。

2011年7月，陕西西安一辆7座幼儿园校车为躲避行人发生翻车事故，4人受伤，当时车内乘坐了17人，其中15人为幼童。

2011年9月，山东淄博朝晖幼儿园校车行驶途中发生翻车，车上20多名3至6岁的孩子不同程度受伤，该校车为一辆超载中巴车。

2011年11月16日上午9时40分许，甘肃省庆阳市正宁县榆林子镇西街道班门口发生一起交通事故，一辆大翻斗运煤货车与一辆行驶中的榆林子镇幼儿园接送校车迎面相撞，当场致5人死亡，事故共造成20人死亡，其中包括19名幼儿以及校车司机及1名教师，另有43人受伤。

2011年11月26日，辽宁省丹东市凤城市宝山镇中心小学校车发生翻车事故，多名幼儿园儿童受伤，其中一名4岁女孩颅骨骨折。

2011年12月12日，江苏徐州丰县发生重大校车事故。首美小学一辆载有71人的校车在从丰县张后屯村开向孔庄村的路上，为躲避电动车发生侧翻，滑入村间灌溉用的小河。事故造成15名学生死亡。

2012年3月1日，新洲区境内一辆三轮摩托车被撞翻，在不到2米长、1米多宽的小车厢内，共救出了14名小孩。当天三轮摩托车是临时客串校车，据了解，这些孩子全部是凤凰镇胜利街小学的学生，由于该校无规范的校车，而上学路程最远的有4公里，所以家长找到了这辆三轮摩托车，每生每月交90元的运费。

哈尔滨市道里区工农小学9岁的女孩许悦，被一辆由校内开出的大货车无情地挤死在了校门的门柱上。

一条条鲜活的生命随风逝去，一张张可爱的笑脸不再绽放，一个个幼小的心灵中埋下阴霾，校车事故频频发生。这些事故夺走了不少孩子的生命，令家长们悲恸欲绝。无数鲜活的生命就这样消失了。

2012年3月5日，温家宝在十一届全国人大五次会议上作政府工作报告

第四章　校园安全之意外伤害篇（上）

时表示，2012年将继续推动解决择校难、入园难等问题；农村中小学布局要因地制宜，办好农村寄宿学校，实施好农村义务教育学生营养改善计划；加强校车安全管理，确保孩子们的人身安全。

一、校车产生安全隐患问题的原因

校车的出现为孩子们的上学、放学、家庭与学校之间的行走，提供了极大的便利。但从全国来看，与校车有关的交通安全事故却不断增多，这暴露出了校车安全管理工作中存在着诸多不可忽视又亟待解决的问题，给我们交通安全管理工作敲响了警钟。因此，规范校车的安全管理，迫在眉睫；加强对校车的安全管控，刻不容缓。据有关部门统计，全国每年事故死亡的人中，30%的人是中小学生。

目前，广大中小学生的交通安全隐患问题已经从单一的道路交通安全管理问题，逐步发展为牵涉到家庭幸福、社会稳定的一个重大问题。

（一）校车质量令人堪忧

1. 车况较差

有的校车是年久失修的小型面包车；有的校车是经过改装加座的中巴车。

2. 车型混杂

在农村，有的校车是使用安全技术不合格、非法改装改型的小型货车。这些车辆当中，有的已接近报废年限；有的甚至长期不进行年检，车况极差，车身严重老化。上述车辆的存在与上路，是校车存在交通安全方面问题的巨大隐患。

（二）黑校车泛滥

由于私立学校数量的增加，生源匮乏是众多校长、园长面临的严峻问题。因此很多私立学校和幼儿园为了扩大招生就配备了校车接送学生。有的学校虽购置了校车，但为了节省开支而疏于保养，导致车辆损坏情况太严重。所以，正规校车的缺位，直接导致了"鸠占鹊巢"的现象，也由于此种原因，"黑校车"便逐渐产生。

（三）超载严重

有些校车驾驶员，为了节省费用，敢冒被交警查处的风险，宁愿一趟多拉十几个学生，也不愿多跑一趟多烧油。拉上学生后，有的驾驶员为了逃避检查，在校车玻璃上贴上了黑色的太阳膜，让路面上执勤交警，不易观察到车内的坐员情况，以方便自己超员、超载；甚至拉上学生超员后，为了逃避交警检查，竟然舍弃宽敞的马路不走而走坎坷不平的羊肠小路，这样很危险。更有甚者，为了多拉些学生，一个座位上挤两三个；甚至把车内的座位拆下来，以扩大车内空间。让学生一个挨一个地站在车厢内。从而人为地促成了"超员"现象的发生。

（四）家长自发雇佣私车运送孩子

教育资源分配不均，城市区域在不断扩大。学生的父母追逐"名校"，他们坚信，好的教育能够成就孩子的未来，于是绞尽脑汁，把孩子往"名校"送，而我们很多"名校"，均集中在某些城区。致使学生跨区就读的比比皆是。造成孩子没有就近入学。因此，学校和家长有时就会"自发"地租用一些私人车辆接送学生。

（五）安全宣传不到位，学校、家长缺乏责任心

在农村地区，特别是城乡接合部的学生，由于家庭与在读学校之间的距离较远，交通不便，学生家长对交通费用的负担能力也相对较弱，也不愿意投入太多的精力在孩子的接送上，所以，也不过多地关心学生的安全；还有的学生父母，因长年在外打工赚钱，将孩子完全托付给学校统一管理，自己却什么心也不操。而有的学校、幼儿园的师生、员工，由于自身接触交通安全方面的知识较少，学校方面也较少进行交通安全方面的教育，致使学生交通安全自我保护意识较差，部分学生甚至缺乏文明交通行为的养成。

二、加强校车安全管理的对策

（一）学生乘校车安全

1.上车前先看清公共汽车是哪一路，因为公共汽车停靠站，往往是几路公共汽车同一个站台，慌忙上车，容易乘错车。

2.待车子停稳后再上车或下车，上车时将书包置于胸前，以免书包被挤掉，或被车门轧住。

3.上车后不要挤在车门边，往里边走，见空处站稳，并抓住扶手，头、手、

身体不能伸向窗外，否则容易发生伤害事故。

4.乘车要尊老爱幼讲礼貌，见老弱病残及孕妇要主动让座。

5.乘车时不要看书，否则会损害眼睛。

（二）加强交通安全教育

1.严格"校车"检查标准

学校、教育职能部门以及政府部门要加强交通安全教育，提高交通安全意识。同时教育部门应当加强对学校与幼儿园的管理和督察的同时，与学校和幼儿园逐一签订安全责任书，对存在违法"校车"的学校、幼儿园应当采取适当方式进行处罚，使学生的用车和用车制度管理逐步走上正规，步入良性循环的轨道。

2.学校安全教育

交警部门应该和教育部门相配合，加强协作，一方面向家长宣传不让孩子乘坐"超员"车辆，向家长公布举报电话，鼓励家长举报违法"校车"；消除校车的安全隐患，加强校车的科学管理意义重大，校车一旦失控，极易发生群死群伤的重特大道路交通事故，将给国家和人民群众的生命、财产造成极大的伤害和损失。

（三）加大学校、政府监管力度

多个部门尽其职，分工协助齐抓共管，对于校车安全管理，最终要解决校车问题，关键还得靠政府介入。政府主管部门要对车辆、收费标准等方面严格评审和考核。交通运输管理部门要负责对全区的校车检查营运者的营运手续，检查驾驶人的驾驶资质，登记校车的行驶路线，加强路面的监控，发现无营运手续的校车，一律取缔和停运。

（四）学校、政府加大校车投入

美国校车委员会表示，无论如何，校车仍然是美国学生上下学最安全的交通方式，因为校车的安全系数是家庭轿车和公共汽车的40倍，而且对学生家长而言，校车极大地节约了他们的时间与经济成本。此外，使用大载量的校车可以很好地缓解交通拥堵和环境污染问题。学校、政府应采取如下举措：

首先，需要政府部门进一步提高认识，把校车服务作为政府必须提供的公共服务内容，从国家层面建立完善的校车制度，给孩子们安全的依靠。

其次，加大财政投入，积极推动校车工程的实施，为普及校车提供资源，并对日常运营实施严格监管。

再次，要借鉴国外在校车管理方面好的经验，制定适合中国国情的校车标准。

总之，校车的水平，展现的是一个国家对孩子生命的态度。以国家之力，给孩子们安全的校车，应成为庄重的承诺和行动。

第五章 校园安全之意外伤害篇（下）

第一节 校园传染疾病

【案例分析】

2009年2月，河北省秦皇岛市昌黎县第一中学发生结核病暴发疫情，该校自2008年11月~2009年1月共确诊肺结核病例39例；

2009年2月，浙江省天台中学发生结核病聚集性病例，该校自2008年9月—2009年2月共确诊病例20例，疑似病例2例；

2009年2月，辽宁省沈阳市朝鲜族第二中学发生结核病疫情，该校自2009年1月~2月在同一班级共确诊病例3例。

2012年3月7日，香港正值流感高峰期，老人和儿童成为首要的受害者。三所学校及一所养老院，陆续暴发上呼吸道传染病。60多名3岁至14岁学生以及20名长者，共80人，上月16日开始出现发烧、咳嗽、流鼻水、喉咙痛等上呼吸道感染症状，当中1名学生需入院、1名长者死亡。

学校是一个人口密集的团体，校内师生众多，彼此接触密切，一旦有传染病就可能会发生交互感染之聚集现象。有些传染病愈后不佳，不仅影响健康状况，且可能造成终身遗憾，甚至将传染病由学校蔓延至家庭，更可能波及社会，造成疾病大流行。

一、认识传染病

传染病是指能够在人群中或人和动物之间引起流行的感染性疾病。此类疾病是由病原体（如细菌、病毒、真菌、寄生虫等）侵入人体引起的病原体在体内繁殖或产生毒素，并对正常细胞及其功能造成破坏，严重时可导致感染者死亡。这些病原体，能通过多种途径传播，从一个传染源（例如病人、病畜）传到另一个人身上，在人与人或动物之间相互传染，使其他人也感染同样疾病。

（一）传染病常见症状

1. 发热

发热由感染性的原因引起，可分为三个阶段：

（1）体温上升期：可骤然上升至 39 ℃以上，通常伴有寒战；

（2）极期：体温上升至一定高度，然后持续数天到数周；

（3）体温下降期：体温可缓慢下降，几天后降至正常，也可在一天内降至正常，此时多伴有大出汗。

2. 发疹

许多传染病在发热的时候伴有发疹，疹子出现的时间因病种而异，水痘、风疹最早，伤寒最迟；

疹子的分布也因病种不同而有所差异，水痘的疹子主要分布于躯干；麻疹有科氏斑，皮疹由耳后向四肢躯干蔓延形态分为 4 种：

斑丘疹：多见于麻疹、风疹、猩红热等。

疱疹或脓疱疹：多见于水痘、手足口病等。

出血疹：多见于流行性出血热等。

荨麻疹：多见于血清病、病毒性肝炎等。

（二）传染病常见传播途径

1. 空气、飞沫、尘埃：以呼吸道为入口的传染病，如麻疹、流感、水痘等；

2. 水、食物、苍蝇：以肠道为入口的传染病，如菌痢、伤寒等；

3. 手、用具、玩具：又称日常生活接触传播，如手足口病；

4. 虫媒传播：可通过如蚊子、跳蚤等传播，如乙脑等；

5. 血液、体液、血制品：见于乙肝、艾滋病等；

6. 土壤：被虫卵、芽孢等污染时，成为传播途径；

（三）传染病分类

传染病分甲、乙、丙三类：

甲类传染病是指：鼠疫、霍乱。

第五章　校园安全之意外伤害篇（下）

乙类传染病是指：传染性非典型肺炎、艾滋病、病毒性肝炎、脊髓灰质炎、人感染高致病性禽流感、麻疹、流行性出血热、狂犬病、流行性乙型脑炎、登革热、炭疽、细菌性和阿米巴性痢疾、肺结核、伤寒和副伤寒、流行性脑脊髓膜炎、百日咳、白喉、新生儿破伤风、猩红热、布鲁氏菌病、淋病、梅毒、钩端螺旋体病、血吸虫病、疟疾、甲型 H1N1 流感。

丙类传染病是指：流行性感冒、流行性腮腺炎、风疹、急性出血性结膜炎、麻风病、流行性和地方性斑疹伤寒、黑热病、包虫病、丝虫病，除霍乱、细菌性和阿米巴性痢疾、伤寒和副伤寒以外的感染性腹泻病。

（四）学校常见的传染病

学校常见的传染病主要有：流行性感冒、肺结核、麻疹、风疹、水痘、流行性腮腺炎、细菌性痢疾、猩红热、流行性脑脊髓膜炎和毒性肝炎等，它们均具有极强的传染性，一旦发病后果非常严重。

（五）传染病报告要求

1. 不同类型传染病报告要求

甲类传染病、传染性非典型肺炎和乙类传染病中艾滋病、肺炭疽、脊髓灰质炎的病人、病原携带者或疑似病人，城市应于 2 小时内、农村应于 6 小时内通过传染病疫情监测信息系统进行报告。

对乙类传染病病人、疑似病人和伤寒副伤寒、痢疾、梅毒、淋病、乙型肝炎、白喉、疟疾的病原携带者，城镇应于 6 小时内、农村应于 12 小时内通过传染病疫情监测信息系统进行报告。

对丙类传染病，应当 24 小时内通过传染病疫情监测信息系统进行报告。单位发现突发公共卫生事件时，应当在 2 小时内向所在地县级人民政府卫生部门报告。

2. 学校传染病报告原则

（1）流感：一周内学校内出现发热 38℃以上，患病人数 30 例及以上，或 5 例及以上；因流感样症状住院病例，或发生 1 例及以上流感病例死亡，及时上报。集体发热（同一班级）在三天之内，患病人数在 10 例及以上，发热 38℃以上的及时上报。

（2）流行性腮腺炎：一周内学校内发生 10 例及以上的流行性腮腺炎病例，应及时上报。

（3）水痘：一周内学校内发生 10 例及以上水痘病例，应及时上报。同一班级三天之内，水痘病例 3 例以上，应及时上报。

（4）其他传染病：依据卫生局报告范围为标准，配合防疫部门针对传染病做到"五早"（早发现，早诊断、早报告，早隔离，早治疗），杜绝各类传染病在学校内蔓延。

二、学校传染病暴发流行特点

学校是一个人群集聚的地方，加上年幼的学生还没有养成良好的卫生习惯，缺乏传染病的个人防护意识，传染病容易通过人与人之间的密切接触而传播。这些传染病传染源可以来自学校员工、家长或学生。

人与人之间的接触可导致交叉感染，即病原体从一个人传给周围其他人，例如当员工或学生在接触一个生病的学生后，未经洗手便接触另一位学生，便可把病原体从第一位学生带到第二位学生身上。

（一）季节性

学校的传染病与社会传染病一样，具有明显的季节性。冬、春季呼吸道传染病多发，夏、秋季则以肠道传染病为主。同时，学校传染病的发生与寒、暑假有着密切的关系。

寒、暑假过后的两次开学，所伴随的学校传染病的发生与流行，不仅仅与社会上传染病流行季节吻合，更重要的是在寒、暑假中，学生的走亲访友的流动和活动，可能将接触的外地传染病带到本地，又随着开学而带进学校。通过学生间的密切接触而在学校中传播。

（二）学校是传染病的集散地

学生每天从四面八方、一家一户汇集到学校里来，又从学校分散到千家万户里去，传染源从社会的每个角落进入学校，又从每个学校分散到每个家庭和社会上各个角落，所以说学校是传染病的集散地。

（三）学校传染病极易暴发和流行

学校是人群高度集中的地方，一个班 50 个左右的学生，集中在 50 平方左右

第五章 校园安全之意外伤害篇（下）

的教室里，整天在一起生活学习，相互之间密切接触。如果卫生设施不好，卫生制度不健全，卫生习惯不好，就具备了传染病在学校里发生与流行的条件，使中小学生成为传染病高发的人群。

传染源、传播途径和易感人群是传染病流行的三个基本条件，缺一不可。而流行的强度大小则取决于传染源的多少、易感者的密度、传播途径实现几率和病原微生物致病力的强弱。加之学校人口密度大、来源杂，因此学校极易造成传染病的暴发和流行。

（四）年龄特点

学校里的在校学生，其年龄可以从6岁到20岁左右。学校传染病的发生与流行，可因年龄不同而有所不同。小学校园里的在校学生，其年龄可以从6、7岁到12、13岁左右。中小学生由于基础免疫水平低，因而极易发生呼吸道传染病流行。中学生正处于青春期，呼吸道和肠道传染病容易暴发、流行。

三、如何预防学校流行病暴发

人员多、居住集中是学校的特点。因此，预防保健工作应贯彻"预防为主"的方针，开展积极的健康教育和有效的预防措施，努力提高师生员工的健康水平。

（一）基本措施

按照国家对传染病实行预防为主的方针，针对学校人口密集的特点，容易在学生中暴发的常见传染病，如病毒性肝炎、肺结核、痢疾、肠道传染病等，开展传染病预防知识和预防措施的卫生健康教育工作。

1.坚持卫生检查制度。学校各院系班分管卫生委员坚持卫生检查工作，认真观察、询问学生的健康状况。建立晨检制度，每天检查学生个人卫生及健康状况，及时记录学生病假与患病情况。发现传染病及时上报校医院防保科，有异常情况及时通知当地疾病预防控制机构。

2.针对不同季节传染病的暴发流行特点，充分利用本校的现有网络、墙报、广播、讲座等定期组织开展爱国卫生运动，增强师生的公共卫生安全意识，促使师生养成良好的卫生习惯，提高自我防范的能力。

3.加强饮食卫生、饮水卫生及环境卫生管理工作，保证学校环境与设施的清洁卫生。

4.积极开展校园爱国卫生工作。定期组织力量消除鼠害和蚊蝇等病媒昆虫及其他传播传染病的或者患有人畜共患传染病的动物危害。动员全校师生参与"除四害，讲卫生"的爱国卫生运动，人人动手，齐心协力地搞好环境卫生和"除四害"（蚊子、苍蝇、老鼠、蟑螂）工作。尤其是蟑螂，其繁殖力极强，危害最大。

5.建立有计划的预防接种制度，每年新生入学都要进行传染病预防接种。

6.食堂饮食从业人员必须按照国家有关规定，取得健康合格证后方可上岗。

7.严格掌握各种传染病的隔离时间，患传染病的学生返校上课时，必须提供医师开具的无传染性的证明。教师职工返岗时，也应出具相应证明。

（二）加强学生的个人卫生

1.饭前便后要洗手，一定要用肥皂和流动的水。

2.不随地吐痰，不乱扔垃圾。

3.培养均衡饮食习惯，多吃水果、蔬菜等绿色食品，保证充足的休息及睡眠时间。提倡良好的个人饮食卫生习惯。不吃腐败变质的食物，不喝生水、不吃生冷食物，不吃苍蝇叮爬过的食物，不暴饮暴食。养成餐前便后洗手的良好习惯。生食瓜果蔬菜要洗涤消毒，杜绝生吃水产品。

4.坚持体育锻炼，不吸烟，增强身体抵抗力。加强个人防护，了解肠道传染病的相关知识。充足的睡眠、丰富的营养和良好的心情可增强机体免疫力。适当进食蒜、醋可预防胃肠道传染病。

学校要组织师生参加多种形式的户外运动，保证学生每天一小时的体育锻炼时间，督促学生课间到室外活动，呼吸新鲜空气，增强体质。

5.不要与别人共用毛巾、手巾、牙刷、餐具或其他个人物品。

6.勤洗澡，勤换内衣。

（三）加强环境卫生

1.有计划地建设和改造公共设施，对污水、污物、粪便进行无害化处理，改善饮用水卫生条件，公共卫生间应提供洗手设备，如水龙头、洗手液或肥皂等，确保卫生间排水系统通畅。

2. 呕吐物及排泄物要及时清洗和消毒。

3. 保持室内经常通风换气，保持空气清新。讲究个人卫生，不随地吐痰。日用品常进行日照消毒和适当处理。有呼吸道传染病流行时，少到人口密集的地方，一定要到公共场所时应戴口罩。

4. 保持教室及楼道整洁。建立消毒制度，定期对教室、宿舍等学生活动场所进行通风、消毒。经常打开窗户或使用抽气扇，课间应该打开窗户，使空气流通。

5. 垃圾应放置于垃圾桶内，用盖子盖好，并至少每日清理一次。

四、发生传染病疫情的应急处理

（一）传染病控制的基本原则

1. 控制传染源

不少传染病在开始发病以前就已经具有了传染性，当发病初期表现出传染病症状时，传染性最强。因此，对传染病人要尽可能做到早发现、早诊断、早报告、早治疗、早隔离，防止传染病蔓延。患传染病的动物也是传染源，也要及时处理。这是预防传染病的一项重要措施。

2. 切断传播途径

切断传播途径，主要是讲究个人卫生和环境卫生。消灭传播疾病的媒介生物，进行一些必要的消毒工作等等，可以使病原体丧失感染健康人的机会。

3. 保护易感者

在传染病流行期间，应该注意保护易感者，不要让易感者与传染源接触，并且进行预防接种，提高易感人群的抵抗力。对易感者本人来说，应该积极参加体育运动，锻炼身体，增强抗病能力。

（二）具体措施

1. 早发现、早报告、早隔离、早治疗

学校一旦发现传染病病人要及时采取隔离措施，责任报告人要及时报告校医院防保科，防保科报告区疾病预防控制中心。

早发现，早诊断：传染病流行时要加强晨、午检，以期早发现病人，并及时明确诊断。

早隔离，早治疗：对病人和可疑病人要及时隔离观察，及时进行治疗。

早报告：学校发现急性传染病和疑似传染病时教师和校医有责任向学校领导报告，如属法定传染病，必须向教育行政部门和疾控中心报告，以便采取紧急措施，控制疾病蔓延。

学校的校医和有关责任人是法定的疫情报告人，必须要做好传染病报告工作。迅速而准确地掌握疫情及时采取防治措施，是防治传染病的关键。因此，传染病诊断或疑似诊断确定后，应迅速地向主管行政部门和当地疾控中心电话或书面报告。

2. 针对重大传染病疫情、群体性不明原因疾病时的举措

（1）对学校师生员工必须采取必要的保护措施，发放必要的防护用品，监测体温

各院系卫生委员每日进行晨检工作，记录学生患病情况，发现传染病及时上报校医院防保科。

（2）加强疫情管理工作

疫情管理工作，除切实做好疫情的搜索、疫情的登记、疫情的报告外，还应健全学校的疫情档案工作。疫情档案的内容应包括：1）教职工人数，学生人数，学生的年龄性别，班级。2）传染病的流行情况分析，包括年龄分布，班级分布，时间分布，传入传出的途径。3）学校的自然情况，包括学校地貌景观，周围环境，气候条件等。

学校的疫情资料要有专人负责，疫情的登记、分类、统计和分析的原始资料应设专柜予以妥善地管理，不得任意存放或丢失，也不得随意向社会公布，切实做好传染病疫情的保密工作。

（3）所有师生的宿舍、办公室及教室要加强通风和消毒

学校发现传染病人后，除及时将病人隔离治疗外，还应及时地对病人居住的宿舍和学习活动场所进行消毒处理，消毒持续时间应以一周左右、没有发现新病人为标准。

（4）教育师生增加户外活动时间，注意劳逸结合，增强机体抵抗力。

（5）一旦发生疫情，对学校实行封闭化管理，严格控制外来人员进入校园。

（6）对来自传染病疫区的返校者，必要时可以根据有关法规对其做出隔离

医学观察治疗。

（7）开展健康教育，用健康教育课以及板报、墙报等形式宣传了解传染病的危害与防治知识，同时坚持正面宣传，避免发生不必要的恐慌情绪。

总之，传染病是一项常抓不懈的工作，作为学校、作为保健教师，我们要将此项工作作为工作中的重中之重，严格细致地做好传染病的管理预防工作，为每一个学生都有一个健康的体魄，做出自己微薄的贡献。

五、常见学校传染病知识

（一）水痘

水痘是一种常见、多发的儿童传染病，由水痘——带状疱疹病毒引起，可产生反复持续的、无临床症状的潜伏感染。临床特点是皮肤黏膜出现瘙痒性水疱疹。是发展中国家儿童的主要传染病之一，严重威胁儿童的健康，接种水痘疫苗是预防这种传染病的有效措施。

1. 流行病学

本病多发生在冬末、初春季节。90%患儿年龄在 10 岁以下，高峰为 6～9 岁，但亦可发生在任何年龄包括新生儿期。通过直接接触、飞沫、空气传播。水痘结痂后病毒消失，故传染期自出疹前 24 小时至病损结痂，约 7～8 天。潜伏期 11～21 天，一般 14 天左右。

水痘病毒经口、鼻侵入人体，首先在上呼吸道增殖，然后侵入血中，产生病毒血症，引起皮肤及内膜损害而发病。

2. 并发症

水痘个别病例病变可累及肺、食管、胃、小肠、肝、肾上腺、胰等处，引起局部充血、出血、炎细胞浸润及局灶性坏死。带状疱疹受累的神经节可出现炎细胞浸润、出血、灶性坏死及纤维性变。

（1）皮肤继发感染：最常见，如脓疱疮、蜂窝组织炎等。

（2）血小板减少：常有皮肤、黏膜出血，严重者有内脏出血，包括肾上腺出血，愈后效果不佳。

（3）水痘肺炎：儿童不常见，临床恢复迅速，X 线改变常持续 6～12 周，偶有死亡报道。

（4）心肌炎、心包炎、心内膜炎、肝炎、肾小球肾炎、关节炎及睾丸炎均有少数病例报道；喉部损伤可引起水肿，严重者致呼吸窘迫。

（5）神经系统：脑炎常在出疹后数日出现，呈现小脑症状者如共济失调、眼球震颤、颤抖等较出现惊厥及昏迷等脑症状者预后为好。存活者中15%有癫痫、智能低下及行为障碍等后遗症。其他神经系统合并症包括：格-巴综合征、横断性脊髓炎、面神经瘫痪、伴暂时性视力丧失的视神经炎和下丘脑综合征等。Reye综合征在水痘后发生者占10%。

【扩展阅读】

校园封闭管理举例

依据国家教育部《中小学幼儿园安全管理办法》和《辽宁省学校安全条例》，为确保校园平安，学校校园实行封闭管理，具体办法如下：

（一）外来人员接待办法

1. 学校领导、教师（班主任）约请客人（家长）来校时，要与来访人员取得联系，约定见面时间。约请人将本人姓名、来访人姓名、学生姓名、班级、约见时间告知门卫。门卫接到约请人的告知后，认真填写《约见外来人员登记》。

2. 被约请人员来校后，门卫要根据约请人告知的情况进行确认，来访人员在《约见外来人员登记》上签字后，方可允许进入校园，门卫做好入校时间和出校时间的记录。

3. 外来人员没有预约，本人或门卫要与被访人员进行联系，门卫得到被访人员同意会见的告知后，做好外来人员登记，允许进入校园，门卫做好入校时间和出校时间的记录。

4. 来访人员或门卫如果没有与被访人员取得联系，门卫可请来访人员在《约见校内人员登记》上填写本人姓名、联系电话、被访人员等信息。门卫要在当日内，将所登记的信息告知被访人员。

5. 学生家长因学生的紧急、特殊情况来校，家长或门卫首先与班主任取得联系，如果没有与班主任取得联系，门卫要根据被访事由与教研处、校长取得联系后，保安要陪同家长进入教学区，由教研处主任、校长接待处理。如与教研处、校长均没有取得联系，门卫要通知主管安全工作的负责人，进行妥善处理。

（二）家长为学生送物品接待办法

1. 学生入校后，在上学期间，原则上不允许学生出校。如果学生忘带物品、作业，教师不得要求学生通知家长送来，学校门卫不得允许送学生忘带物品的家长进入校园，不寄存、转送这类物品。

2. 学生上学期间，突遇恶劣天气，家长为学生送应急物品，门卫要填写好物品标签和物品放在一起，将物品收好，通知年组或教研处，派人到收发室领取，转交给学生（家长为生病的学生送药品可按此办法进行）。

（三）师生出入校门管理

1. 校门 24 小时封闭管理，学生早上入校时，保安要站通道口，只允许本校员工、学生进入校园，保安没有到岗之前，由更夫严把校门。

2. 学生在校时间，校门要关闭，不得私自允许学生出校门，如有学生临时出校门，必需 2 名以上学生、持班主任"离校通知单"，门卫可允许离校，要限定时间返回。

3. 学生在校期间，家长来校接学生，按照第一项"外来人员接待办法"第 5、6、7 条处理，学生离校时必须持"离校通知单"，门卫方可允许学生离校。

4. 学生在校期间，班主任不得准予学生独自离校，学生有特殊情况要中途离校，班主任必须通知家长来校接学生，按照第一项中第 1、2、3、4 条接待办法处理，学生离校时必须持"离校通知单"，门卫方可允许学生离校。

5. 中午放学时校门开放，只允许师生出校，严禁外来人员进入，然后校门封闭。中午休息时间，只允许师生进入校园，严禁入校后的学生出校园和外来人员进入校园（未按时离校和入校的学生，门卫要根据情况妥善处理）。

6. 晚上放学时，教师要按时放学，将学生送出校门，门卫要把守好通道，严禁外来人员进入校园。教师不得延迟。

7. 学前班学生早上入校，家长可以陪同孩子进到艺术楼，孩子送到教室后，不得在校园内逗留和进入其他区域。学前班家长接孩子时间为 16:30—17:30，16:30 之前不允许进入校园，如有特殊情况，按照第一项"外来人员接待办法"第 5、6、7 条处理，学生离校时必须持"离校通知单"，门卫方可允许学生离校。

8. 学校门卫、更夫于 18:00 要彻底清校，封锁楼门、校门，如个别教师因工作需要，延迟离校时间，要与门卫、更夫联系。

（四）下列情况要及时向校长（副校长）或学校办公室请示后处理。

1. 放学期间，突遇恶劣天气。

2. 上级主管部门领导、各类检查人员、外单位公务人员、新闻媒体记者来校。

（五）下列情况门卫要做出应急处理，利用电话或对讲机及时向学校安全工作负责人通报，必要时直接报警。

1. 有人态度蛮横、使用暴力，不听阻拦要强行进入校园；

2. 校门秩序混乱，严重影响师生通行；

3. 外来人员与门卫发生争吵；

4. 疑似有危害学校安全行为。

3. 预防

（1）对使用大剂量激素、免疫功能受损和恶性病者，在接触水痘 72 小时内可给予水痘——带状疱疹免疫球蛋白，可以起到顶防作用。易感孕妇在妊娠早期如患水痘，终止妊娠是最佳选择。

（2）水痘减毒活疫苗的使用：副作用少，接触水痘后立即给予可以预防，即使患病亦极轻微，故对使用激素或恶性病患儿接触水痘后应予以注射。

（3）控制传染源：病人必须隔离至皮疹全部结痂为止。托幼机构中接触的易感者应检疫 3 周。

加强水痘防病宣传，教育和培养学生良好卫生习惯，做到勤洗手，以免传染病交叉感染。利用板报向学生进行广泛宣传。

学校每天晨检，发现水痘患者应及时报告，隔离传染源，患病学生必须在家隔离治疗，待结痂干燥后方能复学（自发病起 21 天左右）。

（二）流行性腮腺炎

流行性腮腺炎俗称"抱耳风"，是腮腺炎病毒引起的急性呼吸道传染病。主要发生于儿童或青少年。临床主要表现为发热和腮腺肿痛。除侵犯腮腺外，也可侵犯其他器官，引起脑膜炎（约 8%）、睾丸炎（约 6%）、卵巢炎（约 5%）、胰腺炎（约 10%）等。

1. 流行病学

流行性腮腺炎全年均可发病，但以冬、春季为主。有时可发生流行，好发于人群聚集处，如幼稚园、学校、集体宿舍和军营等。本病患者主要为儿童及青少年。1 岁以下婴儿因有母体获得的抗体存在，发病者少。大多数患者是 14 岁以下儿童，但成人中亦可发生。儿童患者性别无差异，青春期后发病男多于女。

2. 并发症

腮腺炎病虽不可怕，然而其并发症却十分可怕。

（1）睾丸炎：较大儿童及体弱患儿易并发睾丸炎。常有一侧或双侧睾丸肿大、疼痛。若治疗不及时，出现睾丸萎缩而引起无精症，故而不生育。

（2）卵巢炎：10 岁以上女患儿易并发卵巢炎。症状是小腹部及腰骶部疼痛、全身乏力，发烧较重可达 39℃以上。治疗不及时，婚后不孕。

（3）甲状腺炎：有少数患儿并发颈部胀肿疼痛、心跳加快、食欲亢进的症状。

（4）脑膜脑炎：在腮腺肿大一周后出现嗜睡、呕吐、头痛、颈项强直、发烧 39℃以上等症状，一般无抽搐，头颅 CT 检查无明显改变。

还有极少数患儿并发脊髓炎、心肌炎、乳腺炎、胰腺炎、听神经炎、面神经炎、嗅神经炎等等。

3. 预防

（1）在儿童集体机构或人群密集处易形成流行，因而应少去公共场所。

（2）冬春季节学校的教室要经常开窗通风，保持环境整洁，空气流通，保证儿童睡眠充足。

（3）患厌食症者宜早治疗，以增强自身免疫力。

（4）可服中药板蓝根冲剂，连服三天。

（5）近年来，国内外开始采用减毒活疫苗皮内或皮下注射，或鼻口喷雾，90%的人可产生抗体，因此是最为可靠的预防措施之一。

（6）一旦发现流行性腮腺炎，必须立即将其隔离，避免传染给其他学生。

（三）麻疹

麻疹是由麻疹病毒引起的一种急性呼吸道传染病，以发热、咳嗽、流涕、眼结膜充血、口腔黏膜疹及全身斑丘疹为临床特征，并常可并发肺炎，而危及婴幼儿生命。

1. 流行病学

麻疹是通过呼吸道飞沫途径传播，病人是唯一的传染源，麻疹传染性极强，传染期一般为出疹前 5 日至出疹后 5 日，有潜伏期，第 7 日起已具传染性，但以潜伏期末到出疹后 1、2 日传染性最强。患者若并发肺炎，传染性可延长至出疹后 10 日。经衣服、用具等间接传染者甚少。

好发于冬春季节，其他季节也有散在发生。未患过麻疹又未接种过麻疹疫苗者普遍具有易感性，尤其是 6 个月~5 岁幼儿发病率最高（占 90%）。近年来成人发病有增长趋势。患病后可获得持久免疫力，第二次发病者较少见。

麻疹一般呈地区性流行，在未普种疫苗地区，当易感者累积至 40% 以上时，在人群集中的大城市中可发生大流行，约每 2 ~ 3 年流行一次，而人口分散交通不便的农村、边区、山区则间隔时间较长。麻疹的传染性很强，与患者共同生活的易感者（同一家庭或托幼机构中）几乎 90% 可受感染。

2. 并发症

（1）肺炎：在病程各期均易并发继发性肺炎，以出疹期为多见。并发肺炎时全身症状加重，体温持续升高，常并发脓胸、脓气胸、心肌炎、心衰及循环衰竭等。若病程迁延不愈，可引起支气管扩张症。严重肺炎为麻疹死亡的主要原因。

（2）喉炎：麻疹患者常伴有轻度喉炎。重症喉炎多系合并细菌或其他病毒感染，则有声嘶加剧。如不及时处理，进行气管插管或气管切开术，则可迅速发展至三度喉梗阻而窒息致死。

（3）心肌炎、心功能不全：重症麻疹因高热、中毒症状严重，可影响心肌功能，尤其在营养不良小儿并发肺炎时，病毒危重。

（4）脑炎：麻疹并发中枢神经系统病变较其他出疹性疾病为多，发病率约 1‰ ~ 2‰。病情大多危重，可留有强直性瘫痪、智力障碍、失明等后遗症。

亚急性硬化性全脑炎：此为一种麻疹远期并发症，属亚急性进行性脑炎，发病率约在 1/百万 ~ 4/百万。总病程约一年，可短至半年，长达 6 ~ 7 年。最后死于营养不良、恶病质及继发感染。

（5）其他：尚可并发口腔炎、中耳炎、乳突炎，大多为细菌继发感染。常因慢性腹泻、照顾不当、忌口等引起营养不良及各种维生素缺乏症。原有结核病灶者可扩散恶化，发生粟粒性结核或结核性脑膜炎。麻疹后也易发生百日咳、水痘等感染。

3. 预防

（1）自动免疫：易感者都应接种麻疹减毒活疫苗。我国目前定于 8 个月时初种，4 岁、6 岁时各加强一次。

（2）被动免疫：年幼体弱及患病者如接触麻疹病人，5 天内进行被动免疫可免于发病，5 ~ 9 天内进行则仅能减轻病情。可肌注丙种球蛋白（10%）0.2ml/

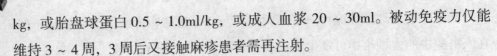
kg，或胎盘球蛋白 0.5～1.0ml/kg，或成人血浆 20～30ml。被动免疫力仅能维持 3～4 周，3 周后又接触麻疹患者需再注射。

（3）综合预防措施：发现麻疹病人应立即做疫情报告，并将病人隔离至疹后 5 天，有并发症者延至 10 天。凡接触患者的易感儿应检疫 3 周，并根据情况给予自动免疫或被动免疫，接受免疫制剂者，应延长检疫至 4 周。在麻疹流行期间，应大力宣传患者不出门，医药送上门，易感儿不出门，集体机构加强晨间检查，对可疑者应隔离观察。

（四）流感

流行性感冒（简称流感）是流感病毒引起的急性呼吸道感染，是人类至今尚不能有效控制的世界性传染病，也是我国重点防治的传染病之一。它是由流感病毒引起的急性呼吸道传染病，传染性极强，传播速度快，容易发生大面积流行，甚至是世界性大流行。

2.流行病学

流感是通过飞沫传播的，好发于冬春季节，以经常形成局部或大规模的流行为其主要特征。此症传播力极强，且易引起肺部感染。流感病人是主要的传染源，自潜伏期即有传染性。发病 3 天内传染性最强，轻型患者在传播上有重要意义。

流感流行的特点是突然发病，发病率高，迅速蔓延，流行过程短，但能多次复发。

由于流感病毒的变化非常快，被称为"千面病毒"，所以流感是一种由不断变异的病毒导致的不变的疾病，是一种无国界的传染性强、传播速度快的疾病。

3.并发症

多数人以为流感是小病而不加理会，其实每年死于流感的人不胜其数。流感病毒若入侵器官，可引致严重的并发症，例如肺炎、支气管炎、充血性心力衰竭、肠胃炎、晕厥、出现幻觉等，后果十分严重。

4.预防

由于流感是病毒性传染病，没有特效的治疗手段，因此预防措施非常重要。

主要预防措施包括：

（1）保持良好的个人及环境卫生。

（2）勤洗手，使用肥皂或洗手液并用流动水洗手，不用污浊的毛巾擦手。双手接触呼吸道分泌物后（如打喷嚏后）应立即洗手。

（3）打喷嚏或咳嗽时应用手帕或纸巾掩住口鼻，避免飞沫污染他人。流感患者在家或外出时佩戴口罩，以免传染他人。

（4）均衡饮食、适量运动、充足休息，避免过度疲劳。

（5）每天开窗通风数次（冬天要避免穿堂风），保持室内空气新鲜。

（6）在流感高发期，尽量不到人多拥挤、空气污浊的场所；不得已必须去时，最好戴口罩。

（7）流感疫苗接种是世界公认的预防流感的有效方法。流感疫苗的免疫接种越来越受到各国的高度重视，实践证明，免疫预防是减少流感危害的一种重要措施和手段，对高危人群、易感人群接种流感疫苗是预防流感的有效方法。

（五）甲型 H1N1 流感

2009 年 3 月，墨西哥和美国等先后发生"人感染猪流感"疫情，病原为变异的新型甲型 H1N1 流感病毒，包含有猪流感、禽流感和人流感三种流感病毒基因片断，可人传人。我国已将其定为乙类传染病，依照甲类传染病管理。

传染途径：病人为主要传染源，目前无证据表明动物为传染源，主要通过飞沫或气溶胶经呼吸道传播，也可通过口、鼻、眼处黏膜直接或间接接触传播，接触患者呼吸道分泌物、体液和被病毒污染物品传播。

易感人群：普遍易感，目前报道以青壮年为主。多数在 25–45 岁之间。潜伏期：1–7 天，较流感（1–3 天）、禽流感（1–5 天）长。

1. 临床表现

早期症状与普通流感相似，包括发热（≥ 37.5℃）、流涕、鼻塞、咽痛、咳嗽、头痛、肌痛、乏力、呕吐、腹泻等。可发生肺炎等并发症，少数病情可迅速进展，出现呼吸衰竭、多器官功能不全或衰竭。

2. 疑似病例

（1）病前 7 天内与疑似或确诊病例有密切接触，出现流感样临床表现。

（2）病前 7 天内曾到过有此病流行的国家或地区，出现流感样临床表现。

（3）出现流感样临床表现，甲型流感病毒检测阳性，但已排除既往存在亚型。

3. 日常生活中如何预防甲型 H1N1 流感

（1）控制传染源：对病人及疑似病人进行隔离，对疫源地进行彻底消毒。

（2）切断传播途径：收治病人的门诊和病房做好消毒隔离，标本按要求进行运送和处理。

4. 保护健康人群

（1）养成良好卫生习惯，勤于锻炼，足够营养，食用处理得当的熟猪肉和猪肉制品。烹制猪肉时将猪肉烹制内部温度达到 71 ℃，可杀死细菌和病毒。

（2）避免接触流感样症状（发热，咳嗽，流涕等）或肺炎等呼吸道病人。

（3）注意个人卫生，经常使用肥皂和清水洗手，尤其在咳嗽或打喷嚏后。

（4）避免前往人群拥挤场所。

（5）咳嗽或打喷嚏时用纸巾遮住口鼻，然后将纸巾丢进垃圾桶。

（6）尽可能频繁开窗，增进居住空间的空气流动。

（7）如果戴口罩，必须正确使用和处置，以确保其效力，避免因不正确使用口罩增加传播风险。正确做法：用口罩仔细遮盖嘴和鼻子并系牢，尽可能减少面部与口罩之间的空隙；在口罩受潮或沾染湿气后，换上新的洁净和干燥的口罩；不要重复使用一次性口罩，一次性口罩在每次使用后应丢弃并在除下后立即处理。在触摸用过的口罩后，用肥皂和水或使用酒精、洁手液洗手。

（8）一旦发现染病，立即就诊，并尽量避免接触他人，控制传染范围。

（9）如在境外出现流感样症状（发热，咳嗽，流涕等），应立即就医（就医时应戴口罩），并向当地公共卫生机构和检验检疫部门说明。

【扩展阅读】

世界著名流感大流行事件

目前，世界上公认的 4 次流感大流行：第一次 1918—1919 年"西班牙流感"（首发地在法国，全世界估计发病约 7 亿人，死亡人数 2100 万，死亡人数比第一次世界大战战亡总人数还多，被称为人类现代史上最大的瘟疫之一）；第二次 1957—1958 年"亚洲流感"（首发地在我国贵州西部，发病率特别高，造成全世界近 100 万人死亡，美国约有 6.98 万人死于此次流感大流行）；第三次 1968—1969 年"香港流感"（首发地在香港，发病率 30% 左右，美国约有 3.38 万人死于此次流感大流行）；第四次 1977 年"俄罗斯流感"（首发地我国东北地区；发病以 20 岁以下的中小学生为主）。

为防止在我国发生流感大流行，党和政府高度重视，2005 年 10 月卫生部专门发布了《流感防治知识》、《卫生部应对流感大流行准备计划与应急预案（试行）》，湖北省卫生厅也下发了《关于做好救灾防病和重点传染病防治工作的通知》。根据通知，要求"各级医疗卫生机构要为本单位的医务人员接种流感疫苗，同时鼓励社会公职人员自觉接种流感疫苗"，并可"组织流感疫苗的自愿接种工作"。

钟南山曾说过："如果流感和禽流感这两种病毒混合，再演变为人传人的病毒，那将是人类的一场灾难！"

（六）病毒性肝炎

是由多种肝炎病毒引起的传染病，具有感染性强、传播途径复杂、流行面广泛、发病率较高等特点。可分为甲、乙、丙、丁、戊型肝炎五种。其中以甲、乙型肝炎感染率较高。乙肝病毒携带率为 10.09%。

主要表现为乏力、食欲减退、恶心、呕吐、肝肿大及肝功能损害，部分病人可有黄疸和发热，隐性感染较常见。

我国是个肝炎大国，病毒性肝炎发病数位居法定管理传染病的第一位，仅慢性乙型肝炎病毒感染者就达 1.2 亿。

1. 流行病学

（1）甲型肝炎的传染源为急性病人和感染者，传染性强，经消化道及粪——口传染，可引起暴发流行。甲型肝炎患者自潜伏末期至发病后 10 天传染性最大，出现黄疸后 20 天始无传染性。主要发生于儿童及青少年。

（2）乙型肝炎的传染源是急、慢性肝炎患者的病毒携带者。传播途径主要有医源性、伤口感染和母婴垂直传播。急性患者从潜伏期末至发病后 66～144 天，其血液内都具有传染性。乙型肝炎较多发生于 20～40 岁的青壮年。

（3）丙型肝炎主要通过输血、血制品及伤口感染。丁型肝炎的传播途径与乙型肝炎相同。戊型肝炎的传染源主要是患者粪便污染水源或食物。丙型及

第五章　校园安全之意外伤害篇（下）

戊型肝炎的发病者以成人较多。

2.并发症

肝炎是一种全身性疾病，病毒除侵犯肝脏外，还可侵犯其他器官，如肾、胰、骨髓、甲状腺等。常见并发症有关节炎（12% ~ 27%），肾小球肾炎（26.5%），结节性多动脉炎等。少见的并发症有糖尿病、脂肪肝、再生障碍性贫血、多发性神经炎、胸膜炎、心肌炎及心包炎等，其中尤以糖尿病和脂肪肝值得重视。少数患者可后遗肝炎后高胆红素血症。

乙型肝炎，尤以丙型肝炎易发展为慢性，少数患者可发展为肝硬化，极少数病例可呈重型肝炎的临床过程。慢性乙型肝炎病程迁延，如得不到及时的治疗，将会发展为肝硬化甚至肝癌，严重危害人类健康。

3.预防

（1）应采取以切断传播途径为重点的综合性预防措施，例如重点抓好水源保护、饮水消毒、食品卫生、粪便管理等，对切断甲型肝炎的传播有重要意义。

（2）急性期病人应隔离。患者饮食用具、洗漱用具要专用，注意饮食卫生，避免与肝炎患者密切接触，避免医源性感染，保护好伤口，育龄期妇女必须避免怀孕。进食含丰富蛋白质、维生素的食物。忌酒、葱、蒜、辣椒等刺激性食品。给予易消化维生素含量高的清淡饮食，食欲恢复好再正常饮食，给予高蛋白如奶、蛋、鱼、瘦肉等，适量吃糖。

（3）防止血液污染，尽量减少输血及使用血制品等。

（4）被动免疫和自动免疫：目前最常用的效果较好的疫苗有甲肝疫苗、乙肝疫苗，防止母婴垂直传播的有乙肝免疫球蛋白，另外如丙种球蛋白等也可增加抵抗力。

（七）结核病

结核病是严重危害人类健康的慢性传染病，在人体抵抗力低落情况下因感染结核杆菌而发病。结核病是全身性疾病，各个器官都可得病，而以肺结核最多见。目前，全球已有 20 亿人感染结核杆菌，活动性肺结核病人达 2000 万，每年新发病人达 800–1000 万。

我国是结核病高负担国家之一，结核病病人数居世界第二位。全国活动性肺结核患病率为 367/10 万，估算全国有 450 万活动性肺结核病人，其中痰涂片阳性肺结核病人 150 万，菌阳肺结核病人 200 万。据世界卫生组织估计，我国每年新发生活动性肺结核病人 145 万，其中涂阳肺结核病人 65 万。学校是社会上一个特殊的组成部分，也是易感人群集中的场所，我校每年新生体检发现二十多例肺结核。据报道，一个未经治疗的痰涂片阳性肺结核病人，一年能传染 10-15 个健康人。因此，肺结核是一个流行较广的慢性传染病，必须以预防为主。开展积极的健康教育和有效的预防措施，提高师生员工的公共卫生意识和自我保护能力，预防疾病，增进健康。

1. 临床表现：咳嗽、咳痰、咯血或血痰、胸痛、低热、体重减轻、乏力、盗汗等全身症状。胸部 X 线检查可发现肺部异常（可进一步做痰涂片和结核菌素试验检查确诊）。

2. 预防措施

（1）进行结核病健康教育和结核防治知识宣传培训，增强防病意识。

（2）可对感染结核菌的人给予抗结核药物进行预防性服药，从而防止发生结核病（指感染的重点人群和特殊对象）。

（3）已患结核的病人要增强社会责任感，服从治疗管理，不要当面对人咳嗽、打喷嚏、大声讲话。咳嗽、讲话时要用手帕捂住嘴；不要随地吐痰，吐的痰要及时处理；少参加聚集性活动。

（4）病人用的物品可以用紫外线灯照射消毒或放在太阳下曝晒。

（5）提高自我防范意识和自我保护意识，培养卫生行为习惯，居住场所保持干燥，经常开窗通风。

（6）了解结核病有关知识，一旦有结核可疑症状，立即上报校医院，及时到结核病防治所规范化治疗。

（八）狂犬病

狂犬病又称恐水症，为狂犬病病毒引起的一种人畜共患的中枢神经系统急性传染病。多见于狗、狼、猫等食肉动物。人多因被病兽咬伤而感染。一旦发病，死亡率达 100%。临床表现为特有的狂躁、恐惧不安、怕风恐水、流涎和咽肌痉挛，终至发生瘫痪而危及生命。预防接种在本病有极其重要的意义。

据相应的数字统计,狂犬病一直高居甲、乙类传染病死亡率和病死率首位。

1. 流行病学

狂犬病在我国流行已久,自 1951 年起开展全国性灭犬活动,狂犬病控制工作大见成效,但 20 世纪 70 年代以后疫情又开始上升并日趋严重。

(1)传染源:病犬和无症状带毒犬是主要传染源,其次为病猫、病狼等患病动物。值得注意的是,"健康"带毒动物作为狂犬病的传染源,其危害大,给预防工作带来了困难。

(2)传播途径:患病动物唾液 50% ~ 90% 含狂犬病毒,通过咬伤、抓伤人体皮膜、黏膜而传染给人,也可由染毒唾液污染外环境(石头、树枝等)后,再污染普通创面而传染。

(3)人群普遍易感,被病兽咬伤后如未进行预防免疫,发病率达15% ~ 60%。

(4)流行特征:本病为恒温动物的传染病,公布广泛,国内以家犬密度大的地方多见。本病全年都有发生,但冬季发病率略低。患者以接触家犬或野兽机会多的农村青壮年和儿童居多。

2. 狂犬病的预防

(1)管理传染源:家中尽量不养猫、狗之类动物。如养了应经常保持动物清洁。严格管理家犬,消灭野犬。可疑有狂犬、狂猫时立即杀死,不剥皮,不食,要焚烧或深埋。

(2)切断传播途径:重要的是防止猫、狗咬伤,教育小孩不要戏弄它。狂犬病人的污染物、分泌物和住处,应彻底消毒。

(3)保护易感人群:要紧的是被咬伤后预防注射和及时正确地处理。

(4)立即预防注射:凡被猫、狗以及其它兽畜咬伤的当天,以及其后的 3、7、14、28 天各肌肉注射 1 支狂犬疫苗。

经常接触可疑病犬、病猫者和实验人员,应进行暴露前预防接种,分别于 1、7、21 日各 1 次,以后每年再加强免疫 1 次。

3. 狂犬病的急救

急救原则是不论什么狗咬伤均应立即急救。

（1）洗：被咬的伤口赶快用20%肥皂水或0.1%新洁尔灭液（两者不能同时使用）或清水反复洗伤口20分钟左右，然后再用清水冲洗，把含病毒的唾液、血水冲掉。

（2）挤：能挤压的地方，边冲水边往伤口外挤，不让病毒吸收到人体内。或用吸奶器或火罐将伤口内的血液吸出，随之把毒素也吸出。

（3）消毒：冲完后，马上用75%的酒精或碘酒擦伤口内外，尽可能杀死狂犬病毒。

（4）注射抗体：以抗狂犬病毒的免疫球蛋白，在伤口周围皮下肌肉浸润注射，以中和狂犬病毒。

（5）注射狂犬病疫苗：被咬后，尽快注射狂犬病疫苗，越早开始效果越好。

（九）手足口病

手足口病（Hand-foot-mouth disease, HFMD）是由多种肠道病毒引起的常见传染病，以婴幼儿发病为主。大多数患者症状轻微，以发热和手、足、口腔等部位的皮疹或疱疹为主要特征。少数患者可并发无菌性脑膜炎、脑炎、急性弛缓性麻痹、呼吸道感染和心肌炎等，个别重症患儿病情进展快，易发生死亡。少年儿童和成人感染后多不发病，但能够传播病毒。

1. 流行概况

我国于1981年上海首次报道本病，此后，北京、河北、天津、福建、吉林、山东、湖北、青海和广东等十几个省份均有本病报道。1983年天津发生Cox A16引起的手足口病暴发，5–10月间发生了7 000余病例。经过2年低水平散发后，1986年再次暴发。1995年武汉病毒研究所从手足口病人中分离出EV71，1998年深圳市卫生防疫站也从手足口病患者标本中分离出EV71。

1998年，我国台湾地区发生EV71感染引起的手足口病和疱疹性咽颊炎流行，监测哨点共报告129106例病例。当年共发生重症病人405例，死亡78例，大多为5岁以下的幼儿。重症病例的并发症包括脑炎、无菌性脑膜炎、肺水肿或肺出血、急性软瘫和心肌炎。

手足口病流行无明显的地区性。一年四季均可发病，以夏秋季多见，冬季的发病较为少见。该病流行期间，可发生幼儿园和托儿所集体感染和家庭聚集发病现象。肠道病毒传染性强、隐性感染比例大、传播途径复杂、传播速度快，在短时间内可造成较大范围的流行，疫情控制难度大。

2.传染源和传播途径

人是肠道病毒唯一宿主，患者和隐性感染者均为本病的传染源。肠道病毒主要经粪－口和/或呼吸道飞沫传播，亦可经接触病人皮肤、黏膜、疱疹液而感染。是否可经水或食物传播尚不明确。发病前数天，感染者咽部与粪便就可检出病毒，通常以发病后一周内传染性最强。

病人粪便、疱疹液和呼吸道分泌物及其污染的手、毛巾、手绢、牙杯、玩具、食具、奶具、床上用品、内衣以及医疗器具等均可造成本病传播。

人对肠道病毒普遍易感，显性感染和隐性感染后均可获得特异性免疫力，持续时间尚不明确。病毒的各型间无交叉免疫。各年龄组均可感染发病，但以≤3岁年龄组发病率最高。

3.临床诊断病例

急性起病，发热，手掌或脚掌部出现斑丘疹和疱疹，臀部或膝盖也可出现皮疹。皮疹周围有炎性红晕，疱内液体较少；口腔黏膜出现散在的疱疹，疼痛明显。部分患儿可伴有咳嗽、流涕、食欲不振、恶心、呕吐和头疼等症状。

重症病例：（1）有手足口病临床表现的患者，同时伴有肌阵挛，或脑炎、急性迟缓性麻痹、心肺衰竭、肺水肿等。（2）手足口病流行地区的婴幼儿虽无手足口病典型表现，但有发热伴肌阵挛，或脑炎、急性迟缓性麻痹、心肺衰竭、肺水肿等

第二节 学校中毒事故处理

【案例分析】

2000年9月19日，江西南昌一所师范学校发生集体中毒，46名学生倒下……

根据湖南学校食物中毒报告统计,2000年10月1日－2005年9月30日,全省共接到学校集体食物中毒报告61起，中毒人数3722人，中毒死亡2人。学校食堂发生食物中毒53起，占学校集体食物中毒的86.9%，中毒人

数 3587 人。61 起学校集体食物中毒中，化学性食物中毒 29 起（其中人为投毒 12 起，蔬菜残留农药中毒 9 起），细菌性食物中毒 23 起，生物性食物中毒 6 起，不明原因食物中毒 3 起。

2003 年 3 月 19 日，茂名市技工学校学生因吃了学校食堂的青菜、猪肉、面条、河粉、鸡粥、黄豆后普遍出现肚痛、腹泻、头晕现象，先后有 208 名学生食物中毒。

2003 年 6 月，辽宁省海城市近 3000 名学生由于饮用有问题的豆奶导致集体中毒。

2003 年 9 月开学到 11 月，宁波市的省工商职业技术学院、四中等学校相继发生 8 起疑似食物中毒事件，最后确认 4 起，共 194 人中毒。

2005 年 11 月 9 日上午，某县小学学生，在饮用学生奶 41 分钟至 1 小时之内，相继出现恶心、呕吐等不适症状，后又有 100 多名不同学校的学生出现类似情况。此次事故的原因为学校有关人员购买了不合格的奶制品。

2006 年 2 月 16 日，在寒假后开学的第二天，海口市昌茂花园学校小学部就发生了一起集体食物中毒事件，35 名学生陆续出现了呕吐、腹胀、腹痛、头昏等食物中毒症状。经过有关部门的治疗和调查，最终确认其中 29 名学生因为食用了学校食堂早餐剩下的炒河粉等变质食物而造成"亚硝酸盐中毒"。

2011 年 10 月 19 日，富阳市职业高级中学出现 57 人集体食物中毒，此次食物中毒的原因与学校出售的三明治有关。

2011 年重庆市共发生 3 起学校食堂食物中毒事件，两起发生在小学、一起发生在中学，共造成 60 多名学生中毒，与 2010 年同期相比基本持平。

食物中毒是指摄入了含有有毒有害物质的食品或者把有毒有害物质当作食品摄入后出现的急性亚急性疾病。中小学生正处于身体生长发育阶段，食物中毒对他们的伤害更为严重。因此，预防学校食物中毒，保证学生健康成长是非常重要的一项工作。一般来说，夏季为食物中毒多发季节。其中 81.3% 在学校，61.5% 的学校食物中毒事件发生在学校食堂。据卫生部统计，仅 2001 年上半年卫生部共收到重大食物中毒报告 15 起，1128 人中毒，4 人死亡，其中发生在学校集体食堂的有 5 起，502 人中毒，无死亡。

一、食物中毒概述

日常饮食不慎，极易引发食物中毒。如人食用了腐烂变馊的食物中含有毒素，易引起恶心、腹痛、呕吐等中毒症状，严重的会危及生命。

（一）食物中毒的种类

食物中毒主要分为细菌性食物中毒、真菌毒素食物中毒、化学性食物中毒、植物性和动物性食物中毒。

1. 细菌性食物中毒

易被细菌污染的食物有肉、鱼、蛋、乳等及其制品，如烧、卤肉类，凉菜、剩余饭菜等。霉变食物中毒，如赤霉病麦、霉变甘蔗等中毒。细菌性食物中毒是日常生活中常见的食物中毒。

2. 动植物食物中毒

（1）有毒动物组织中毒，如河豚、贝类及鱼类引起的组胺中毒等。

（2）有毒植物中毒，如毒蘑菇、豆角、毒蕈、含氰甙植物及棉子油的游离棉酚等中毒。

3. 化学性食物中毒

如重金属、亚硝酸盐及农药中毒等。被农药污染的蔬菜、水果以及受有毒藻类污染的海产贝类等。

4. 特定环境食物中毒

在某一特定环境下能产生有毒物质的食品，发芽的马铃薯；未加热煮透的豆浆、芸豆角、杏仁、木薯、鲜黄花菜等。

（二）食物中毒的特点

1. 中毒者在相近时间内均食用过某种相同的可疑食物中毒，而未食用者不发生中毒，停止食用该食物后，发病情况很快得以控制。

2. 潜伏期较短，发病急剧，病程也较短。一般食后几分钟到几个小时发病。

3. 一般不会发生人与人之间的直接传染。

4. 所有中毒者的临床表现基本相似，一般表现为急性胃肠炎症状，如腹痛、腹泻、有的伴随呕吐、发热。

各类食物中毒临床综合征发病特点：

临床综合征	发病特点
上消化道综合征	起病较急，以恶心、呕吐为主要症状，常伴有头痛、头晕、全身乏力等全身症状或其他特有症状，也可伴有腹痛、腹泻等上消化道症状。多见于重金属和某些细菌毒素引起的中毒性疾病。
下消化道综合征	以腹痛、腹泻为主要发病症状，可伴有恶心、呕吐、食欲下降、头痛、头晕、全身不适、乏力、口渴等全身症状和畏寒发热、肌肉酸痛等感染性症状等。发病较急，多见于某些细菌、病毒和寄生虫引起的肠道感染或毒素介导性肠道感染。
全身感染性综合征	突发性或进行性发病，发病症状主要为发热、畏寒、全身不适和肌肉关节酸痛等，常伴有乏力、头痛、头晕、食欲下降等全身症状和胃肠道症状等。多为某些细菌、病毒或寄生虫引起的感染性疾病。
神经性综合征	突发性或进行性发病，主要发病症状为视力模糊、肢体麻刺或麻痹感，有时可伴有胃肠道症状、全身症状和其他神经性症状。多为某些真菌、农药、有毒动植物和少数细菌毒素引起的中毒性疾病
过敏性综合征	发病较急，主要症状为脸颊潮红和皮肤瘙痒，可伴有胃肠道症状，全身症状可有可无，有时可出现面部浮肿等症状。
咽喉与呼吸道综合征	突发性或进行性发病，主要表现为嘴唇、口腔与咽喉部烧灼感和咽喉痛症状，可伴有胃肠道症状和发热、皮疹等症状。常见于某些化学性中毒和细菌感染。

（三）引起校园食物中毒的客观因素

集体食堂食物中毒常见的中毒原因是以微生物性引起的食物中毒为主，其中又以沙门氏菌、金黄色葡萄球菌最为常见，其次为蜡样芽胞杆菌。

（四）引起校园食物中毒的主观因素

近年来学校扩招和学校食堂市场化，给学校食堂卫生管理带来巨大挑战。易发虫害蔬菜农药残留超标、外购食品变质、购买无证摊贩有毒米粉等，还有食堂条件差、不按有关要求操作等原因，也有个别投毒事件，都是引起校园食物中毒的主观原因，具体分析如下：

1.食堂食品卫生安全工作没有引起部分学校主要负责人的高度重视，没有健全的食品卫生管理制度、管理机构和管理人员，没有把此项工作纳入学校的重要议事日程。

2.校领导安全意识淡化，实行后勤服务社会化管理和食堂承包经营后，没有定期对学校食堂卫生安全工作进行检查督促，一包了之，不投入、不检查、不过问，没有履行第一责任人的责任。

3.学校食堂投资少，卫生条件差。许多学校没有把学校食堂建设纳入学校建设的整体规划，生活设施建设严重滞后于教学设施建设，学生食堂与学校发展不相适应。

4.盲目扩招，学生食堂远远不能满足就餐和卫生安全的需要。招生计划审批与学生生活配套设施条件脱节，不考虑学生食堂的接待能力，盲目地扩大招生，导致食堂严重超负荷运行。很多学校集体食物中毒的原因就是食堂采购回来的蔬菜无法冲洗浸泡按规定时间，导致蔬菜残留农药中毒。

二、如何预防食物中毒事故的发生

由于学校具有人群高聚集性的特点，因此学校发生集体食物中毒的隐患也是非常大的。要想预防学校集体食物中毒事件的发生，相关部门要从以下几点入手，在这个过程中学校饮食安全需要有关部门及全社会密切配合，齐抓共管。

（一）日常生活中师生注意饮食卫生

学校要注重培养师生的良好的饮食习惯：

1.养成吃东西以前洗手的习惯。人的双手每天要接触很多东西，接触过程中就会沾染病菌、病毒和寄生虫卵。吃东西以前只有认真洗净双手，才能减少"病从口入"的可能性。

2.生吃瓜果要洗净。瓜果蔬菜在生长过程中不仅会沾染病菌、病毒、寄生虫卵，还有残留的农药、杀虫剂等，如果不清洗干净，不仅可能染上疾病，还可能造成农药中毒。

3.不随便吃不了解、来历不明的野菜、野果。野菜、野果的种类很多，其中有的含有对人体有害的毒素，缺乏经验的人很难辨别清楚，只有不随便吃野菜、野果，才能避免中毒，确保安全。

4.不吃腐烂变质的食物。食物腐烂变质，就会味道变酸、变苦。散发出异味儿，这是因为细菌大量繁殖引起的，吃了这些食物会造成食物中毒。

5.不随意购买、食用街头小摊贩出售的劣质食品、饮料。这些劣质食品、饮料往往属于"三无产品"，食用、饮用都会危害健康。因此在选购包装食品时，应认真查看包装标志、厂家厂址、电话、生产日期是否标示清楚、合格。

6.不喝生水。仅凭肉眼很难分清水是否干净无菌的，清澈透明的水也可能含有病菌、病毒，一般来说喝开水最安全。

（二）学校采取措施预防集体食物中毒

学校预防食物中毒的关键是食品本身无毒无害，储存方法得当，加工方法正确，处理过程无污染。

1. 把好采购关

（1）供应食品的企业或个人需持有相关部门发放的卫生经营许可证，如无特殊原因，尽量避免更换供应商。

（2）不采集、采购和加工出售不认识的蘑菇、野菜和野果，不采购腐败变质的食品（如已酸败的油脂，霉变、生虫、污秽等不洁的食品），不采购未经兽医卫生检验或检验不合格的肉类及其制品。

（3）不采购来源不明、食品标签不清、超过保质期限等不符合食品卫生标准和要求的食品。

（4）落实食品原料采购索证和进货验收制度，建立台账。严格执行食品入库、出库和经常性查验制度。如发现食物没有受到适当保护或已变质，应拒绝接收。

2. 食物贮存

（1）注意食品的贮藏卫生，防止尘土、昆虫、鼠类等动物及其他不干净物品污染食品。食品贮存场所严禁存放有毒、有害物品及个人生活物品。鼠药、农药等有毒化学物要标签明显，存放在专门场所并上锁。加强亚硝酸盐的保管，避免将其误作食盐或面碱使用。

（2）将生、熟食物分类贮存

将生肉和容易变坏的食物存放在4℃以下。时刻保持"冷食物"常冷（4℃或以下），"热食物"常热（63℃或以上）。

食品在烹饪后至出售前一般不超过2小时。若超过2个小时，应当在高于60℃或低于摄氏10℃的条件下存放。食堂剩余食品必须冷藏，在确认没有变质的情况下，必须经高温彻底加热后，方可继续出售。

每餐样菜应各取不少于100克留置于冷藏设备中保存48小时以上，以备查验。

（3）食品贮存应当分类、分架、隔墙、离地存放，食物架应至少离地面半米高。定期检查、及时处理变质或超过保质期限的食品。

（4）食品存放于冰柜中的注意事项

存放食物在不透水的容器内并用保鲜纸或盖盖好；不存放过多的食物；用浅的器皿来冷藏熟食。

（5）建立严格的食堂安全保卫措施。严禁非食堂工作人员随意进入学校食堂的食品加工操作间及食品原料存放间。厨房、食品加工间和仓库要注意上锁，防止有人恶意投毒。

3.食物处理及烹调

（1）烹煮清洗干净的食材

蔬菜加工前要用食品清洗剂（洗洁精）浸泡 30 分钟后,再用清水反复冲洗;一般要洗三遍,温水效果更好;烹调前再经烫泡 1 分钟,水果宜洗净后削皮食用。

（2）加工食品必须做到烧熟、煮透。最好将大块的食物切成小块煮用。如需要熟制加工的大块食品，其中心温度不低于 70℃。在烹煮冷藏的肉类和禽类前应彻底将其解冻。

（3）避免过早预备食物

食材备料最好在烹饪前一天或当天准备好，个别食材如土豆、白菜、酸菜等尽量减少储备时间。

（4）必须彻底煮熟食物

生豆浆烧煮时应将上涌泡沫除净，煮沸后再以文火煮沸 5 分钟左右。因为豆浆加热至 80℃时，会有许多泡沫上浮，出现假"沸"现象。

（5）加工食品的工具、容器等要做到生熟分开。加工后的熟制品应当与食品原料或半成品分开存放，半成品应当与食品原料分开存放。

（6）不吃生芽过多、皮已经呈黑绿色的马铃薯；生芽较少的马铃薯应彻底挖去芽的芽眼，并将芽眼周围的皮削掉一部分。这种马铃薯不宜炒吃，应煮、炖、红烧吃。烹调时加醋，可加速破坏其中的有毒物质（更多食物烹饪注意事项参见附录1）。

4.器皿清洁及消毒危险品的存放

食堂应遵守国家制定的操作规范及卫生要求，对公用餐具、容器、用具应进行严格的清洗和消毒：

第一步是用热水洗去食物残渣（水温以 50℃~60℃为宜）；

第二步是温水清洗，去除残留油脂等（水温以 30℃左右为宜）；

第三步是消毒，可采用物理法或化学法杀灭餐具上的残留病原微生物（如病菌、病毒等）；然后用消毒剂、消毒柜或沸水消毒。

第四步是冲洗，即用清洁卫生的清水冲洗掉餐具上的残留药物；

第五步是保洁，即将洗净消毒后的餐具、容器、用具移入保洁设施内备用，以防再污染。

应为危险的化学品（如消毒剂、杀虫水等）加上特别标签及用密封的容器将其存放于厨房外。

5. 环境及用具卫生

学校的食堂必须取得卫生行政部门发放的卫生许可证。

（1）校园食堂的操作间规模最小的使用面积不能小于 8 平方米，食堂的墙壁应该有 1.5 米以上的瓷砖，或其他的防水、防潮、可清洗的材料制成的这种墙裙；

（2）地面应该用防水、防滑、无毒、易清洗的材料来建造，易于清洗和排水；

（3）配备有效的防止苍蝇、老鼠、灰尘，以及存放废弃物的设施和设备；

（4）处理生和熟的食物要使用两套不同的用具。切勿将刚被用作处理生食物的用具来处理熟食物；

（5）保持地面整洁，尤其是厨房和厕所；

（6）冰柜保持良好运作，要经常清洁冰柜及清理积聚在柜内的霜雪。

6. 饮水设施卫生

（1）学校自备水源（为解决学校用水而建的水塔、蓄水池、水井等给水设施）必须有卫生许可证，并定期请疾病预防控制部门进行水质检测。

（2）学校要建立自备水源卫生管理制度，包括水塔、蓄水池等二次供水设施的定期清洗制度，并安排专职（或兼职）人员负责管理。水源管理人员每年必须进行体检，经体检合格者方能上岗。

（3）学校自备水源距离厕所、垃圾堆等污染源必须 30 米以上。水源周围环境必须保持清洁卫生。

7.食堂工作人员管理

（1）食堂从业人员必须掌握有关食品卫生的基本要求，经卫生部门培训合格取得上岗证后才可上岗。

（2）学校每年必须组织食堂从业人员进行健康检查。凡患有痢疾、伤寒、病毒性肝炎等消化道疾病（包括病原携带者）、活动性肺结核、化脓性或者渗出性皮肤病以及其他有碍食品卫生疾病的，不得从事接触直接入口食品的工作。

（3）食堂管理人员每天要对食堂从业人员进行晨检，发现食堂从业人员出现打喷嚏或咳嗽时要避开食物，并应用纸巾遮盖口鼻，事后要洗手。如发生严重咳嗽、腹泻、发热、呕吐等有碍于食品卫生的病症时，应要求其立即脱离工作岗位，待查明病因、排除有碍食品卫生的病症或治愈后，方可重新上岗。

（4）工作时须穿上清洁的工作服、帽，并把头发置于帽内。不得留长指甲、涂指甲油、戴戒指加工食品；

（5）配制食物前后和上完厕所后都要用洗洁剂洗净双手。接触直接入口食品之前要洗手消毒，切勿用手接触熟食。

（6）切勿在食品加工和销售场所内吸烟。

三、学校发生食物中毒事故后如何应对

在学校食堂就餐的人员中有2例或2例以上在进食相同食物后短时间内发生呕吐、腹痛、腹泻等症状，而未进食的同学没有发病症状时，应高度怀疑是否为食物中毒，并采取以下措施：

1.启动应急预案。

2.联系卫生部门（医院）组织救治。

3.追回已出售（发出）的可疑中毒食品或物品，或通知有关人员停止食用可疑中毒食品。

4.停止出售和封存剩余可疑中毒食品和物品。

5.控制或切断可疑水源。

6.向中毒或患病人员家长、家属通报情况。

7.配合卫生防疫部门封锁和保护事发现场，对中毒食品、物品等取样留验，排查致病因素，对现场进行消毒和处理，对相关人员进行隔离。

8. 配合公安部门进行现场取样，开展侦破工作。

9. 按照当地政府和卫生行政部门要求，落实其他紧急应对措施。

10. 对学校不能解决的问题请求上级教育行政部门和当地政府以及卫生行政部门支持和帮助。

11. 学校在适当范围内通报食物中毒事件的基本情况以及采取的措施，稳定师生员工情绪，开展卫生宣传教育，提高师生的自我保护意识。

12. 学校要向主管教育行政部门、当地疾病预防控制部门进行三次报告。

（1）初次报告：事件发生 2 小时内向上述部门报告事件发生时间、地点、中毒人数、发生中毒的可能原因等。

（2）过程报告：事件处理过程中，及时向上述部门报告事件控制、中毒人员治疗与病情变化、造成事故的原因、已经或准备采取的措施等。

（3）结果报告：事件结束后，及时向上述部门报告处理结果、整改情况、责任追究情况等。

按照要求，各级各类学校校长是本单位传染病疫情报告和食品安全的第一责任人。各学校食堂的负责人、承包人是食堂食品安全的直接责任人。

第五章 校园安全之意外伤害篇（下）

第六章 校园伤害之心理伤害篇

第一节 校园自我伤害

【案例分析】

1. 2005 年 1 月 5 日，山东省某工业学校进行期末考试。一个女生作弊被监考老师发现，老师即按规定在其试卷上写下"作弊"二字。该女生见状哭着跑出教室，跑回宿舍后在一张纸上写下"再见了，同学们，我无脸见人了"，然后，爬到四楼楼顶跳楼身亡。

2. 台湾统计数据显示，有 26.4% 的学生曾有过自杀念头，排名第一学生最可能自杀的原因是课业压力，同时，有 18.6% 的学生认为，在升学主义压力下，觉得不快乐。

青少年象征着青春活力，充满无限可能，是我们寄予厚望的一代。随着时代的进步，越来越多的学生，因为学业压力、升学、人际关系、自我认同、感情等问题而感到抑郁，甚至是忧郁成疾、行为出现偏差。为了提高人们对学生自杀问题的重视，将 9 月 10 日定为"世界自杀防治日"。但时至今日，学生自我伤害、自杀事件数量仍居高不下。

一、什么是自我伤害

（一）自我伤害的内涵

"自我伤害"是指个体伤害自己的思想和行为 (如割腕、跳楼或厌食等)，甚至包括结束自己生命的思想和行为。自我伤害这种行为的严重程度不一，轻者可以表现为不停地拔头发、连续或间断性地用头撞墙等;重者可表现为服毒、自缢或割腕自尽等。

有自我伤害、自杀行为的孩子常常被认为是小心眼、想不开、太可惜、不值得等，因此，人们习惯将孩子们的自我伤害行为归类为意外事件。而孩子的年纪越小，他们的自我伤害行为也就越容易被大人们误解成意外事故。

（二）学生自我伤害的种类划分

1.自杀：学生出于自愿尝试结束自己生命的行为。

2.自杀未遂：学生出于自愿企图尝试结束自己生命的行为，但并未成功。

3.精神病性自我伤害、自杀：因精神疾病导致学生自我伤害、自杀。一般自我伤害、自杀的学生中不都是精神病患者，但精神病患者的自杀率高于正常个体。

4.心因性自我伤害、自杀：学生由于患有抑郁症、抑郁性神经症、焦虑性神经症等心理疾病，产生的自我伤害、自杀行为。

忧郁是种低落的、沮丧的、伤心的情绪感觉，在认知或思考上出现"没有希望"、"我有罪恶感"的想法，行为上表现出"突然异乎寻常的行为"、"滥用酒精或药物"、"攻击他人"等行为。其可能的症状为自我价值降低、无助、退缩、忧愁。

二、学生自我伤害的原因

（一）来自家庭的原因

发生自我伤害的学生很多都有社会支持系统不良，家庭环境不良、生长环境差等情况。

1.家庭结构不良的消极影响

家庭是个体出生后所接触的第一个"小社会"，对于个体来说，上学以前和中小学低年级的时间，大部分是在家庭中度过的。在我国的社会环境中，家庭结构不良因素大致可分为：家庭自然结构不健全、家庭关系结构不良、家庭成员不良的人格和错误的思想。

（1）自然结构不健全的家庭，是指家庭中缺少父母一方(死亡)或父母离异、再婚的情况。

（2）家庭关系结构不良，指家庭成员之间关系冷淡或破裂的家庭结构。在这种家庭中长大的孩子，常常到外边寻找"知心朋友"和"温暖"。

2. 家庭教养方式不良的影响

家庭教养方式对儿童个性的形成有极大的影响。20 世纪 60 年代前后，美国心理学家佩克（R.Peck）、哈维口格斯特（R.J.Havighurst）采用测验法、评定法与谈话法对青少年品德进行了较大规模的研究，结果发现：学生的个性特征与父母的家庭教育作风有密切关系如下表。

家庭作风	儿童的个性特征				
	意志坚强	情绪稳定	自发努力	友好态度	敌对行为
信任	.74	.64	.27	.44	.40
民主	.43	.16	.36	.33	.40
容忍	.56	.53	.05	.19	.10
严厉	−.16	−.08	−.38−	.38	.40

儿童个性特征与家庭教育作风的相关

从上表中不难看出，儿童良好的个性特征，同家庭教育作风中的信任、民主、容忍呈正相关；相反，儿童的不良行为，如敌对行为则与家长的严厉程度呈较高的正相关。

简单来说，家庭教育过程中常常出现的问题有如下几种：

（1）家长溺爱孩子

十分注重孩子物质生活的质量，管教不严、对孩子的不良行为视而不见。久而久之，孩子变得十分任性，而且以自我为中心，极端自大，别人有一点不遂他的意愿的地方就暴跳如雷。

（2）家长对孩子过于严格

对孩子采取"高压政策"，控制过严、粗暴打骂，使孩子产生对抗情绪，拒绝管教或自暴自弃，甚至反抗成人的管教。

（二）自学校的原因

儿童从六七岁开始，就进入学校接受系统的教育，他们的大部分时间都是在学校中度过的。小学、初中、高中阶段，特别是前两个阶段，是学生智力、人格完善的关键时期。来自学校的不良的影响大致表现为以下几个方面：

1. 片面理解学校教学思想，只抓智育而忽视德育，把学生的思想和个性教育工作放在无关紧要的地位。学校教师不能对学生一视同仁。有的教师为了片面追求升学率，"集中精力保优等生"，而对那些所谓的"差生"或自己不喜欢的学生往往进行体罚或变相体罚，讽刺或挖苦刁难学生，导致学生心理失衡，采取极端方式来缓解心理压力和报复老师、学校。

2.学校与家长较少沟通、配合,甚至不沟通,没有及时发现学生的异常情况。

3.教师本身缺乏教师应有的素质,如教师的个性不良,给学生树立了一个负面的榜样;教师的工作热情不高,不能很好地了解学生而错失教育的良好机会;有的教师对学生较少地表现出爱心,最终导致孩子心理失衡。

4.学校的各种压力,如升学压力、考试压力、评比压力过重,引起学生过度焦虑和挫折感,甚至有的学生产生了放弃学业的想法或运用不良的发泄方式。

（三）来自社会的原因

随着儿童年龄的增长,他们受社会文化和社会风气的影响就越来越大。

1.一些低俗的、不健康的思想意识是诱发学生发生自我伤害行为的主要社会原因。如2012年3月福建省有两个小学生自杀,遗书中称想穿越回古代做格格,这也是为什么2012年广电总局要限制穿越剧的拍摄数量和播放时间的原因。

2.大众传媒对儿童自我伤害心理行为的产生起到了推波助澜的作用。电视中不断出现的自我伤害的场面很容易被儿童模仿。

3.班级、同辈小团体、朋友之间的不良影响也应当受到重视。可谓"入芝兰之室,久而不闻其香;入鲍鱼之肆,久而不闻其臭"。

（四）个人心理特征

许多研究或心理评估表明,相对普通人群,一些有自我伤害、自杀倾向的学生会表现出较低的成熟应对能力、自我愉悦或满意度,同时表现出抑郁程度高、情绪不稳定性或愤怒特质高、较高的冲动性等人格特质。

青少年自我伤害最主要的原因来自于自己。大致可以从以下几个方面分析:

1.性格因素

有些学生对自己要求极高、抗挫折能力低,面对某些冲突和挫折,便容易出现自我伤害的行为。

2.生理因素

患精神性疾病（尤其是抑郁症）或慢性疾病,久治不愈,使青少年产生"绝望"的念头,最后选择用"自我伤害"的途径来解决一切。研究表明,自杀未遂者中有精神心理障碍的占 30% 左右，而在自杀死亡的人群中患有精神、心理疾病者高达 60% 以上。

3. 生活态度与价值观偏差

生活态度消极、价值观不健康的人，或者有不成熟、不正确的生命观与死亡观的学生容易发生自我伤害、自杀行为。

4. 生活上的失落

一些生活上的突发事件，如至亲亡故、遭遇意外事故、被体罚等让青少年无法立即接受。这些学生便想以自我伤害、自杀的方式缓解痛苦。

三、青少年自我伤害、自杀的预兆

各种自我伤害行为，无论其目的是追求死亡还是其他，都不是孤立发生的。学生在自我伤害、自杀发生前常伴有抑郁、失眠、无望等精神心理问题或躯体疾病，这些问题常影响伤害行为的发生、发展。

（一）情绪线索

绝望、害怕、发狂、失去控制、伤害自己或他人、无助、忧郁、无价值感、无法抵抗的自罪感、羞耻、持续性的焦虑或愤怒等。

（二）语言上的线索

可能直接以话语表现，也可能在日记、写信、写作文之中表现出来。如："没有人关心我的生死"；"如果没有我的话，事情也许会好些"。

（三）行为上的线索

突然的、明显的行为改变，如原本活泼的学生变得退缩、胆小；学习成绩大幅度下降，自愿放弃个人财物，如立下遗嘱将心爱的东西送给别人。或者学生酒精或药物滥用的情况突然恶化。

（四）环境上的线索

1. 重要人际关系破裂；如亲人死亡、与密友吵架、分手、父母离异等。

2. 家庭发生大变动；如财务困难、搬家。

3. 因对环境适应不良而失去信心。

综上所述，有自我伤害、自杀前兆的学生，几乎所有的正常行为模式都发生了变化。

四、学生自我伤害事件预防与应急处理

学生自我伤害行为通过医疗干预是可以治愈或降低未来风险的。治疗主要包括通过心理干预来改变或提升当事人的生活与生存欲望，摆脱无望感。众多研究与服务经验表明，通过治疗能有效提升当事人的精神心理活动水平，有效降低再次伤害风险。

由于伤害当事人多伴有情绪、情感困扰或其他精神心理问题，因此针对伤害行为本身干预外，处理影响伤害行为发生、发展的心理或躯体问题或疾病也是必要的。因此如何预防及处理是极其重要的。

（一）初级预防

初级预防策略就是以一般学生为对象，目的在于减少任何自我伤害、自杀的威胁，在自我伤害、自杀行为未产生以前做好预防的工作。

1. 为设计青少年并提供生命教育课程

（1）引导学生认识生命、欣赏生命、尊重生命、爱惜生命。

（2）帮助学生认识死亡，明确自己的人生方向。

（3）鼓励学生调和小生命与大生命，充分发挥人道精神，走向人群，进而能够关心弱势族群。

（4）最终目标为协助青少年建立四海一家的观念，进而能关心人群，甚至是地球上的每一个生物。

（5）多成立爱心服务社团，并鼓励学生积极参加。

2. 重视 EQ 的培养

重视 EQ 的培养，去除 IQ 挂帅，升学第一的偏颇心态。使师生、家长认识到 "IQ 可以让孩子取得好成绩，但 EQ 才能决定一个人是否会成功"。

（1）引导学生用正确的态度及方法去表达自己的负性情绪。

（2）引导学生清楚地看到或认识到自我伤害的负面行为 (压抑、冷战、自我伤害、甚至自杀) 或攻击他人的行为 (如打架、破坏物品等方式) 可能会造成严重后果。

3. 做好学生的休闲生活教育

（1）鼓励学生关注自己内在需求与感受，并允许学生自主选择娱乐活动。

第六章　校园伤害之心理伤害篇

（2）培养学生多种娱乐能力，增强应对挫折的能力。

（3）加强学生社交技巧训练，以增进社会人际能力，鼓励学生建立丰富的人际关系网。

（4）鼓励学生参加健康的娱乐活动，尤其是参加有益身心健康的户外活动。

4. 做好学生的生涯辅导

遵循加德纳的多元智能理论，教育学生"天生我才必有用"，培养学生多元化成才理念。

（二）次级预防

二级预防是降低那些有可能导致伤害或自杀行为出现的种种因素或条件。提早发现有适应困扰的学生，提供危机处理服务，目的在于缩短个体心理困扰的时间，及时阻止自我伤害、自杀的传染效应。善于发现可能的伤害线索，做好疏导工作是二级预防的关键。一旦孩子有自我伤害、自杀的意图，学校、家长要积极采取措施。

1. 倾听

当一个人处于情绪危机中时，最重要的是：是否有人愿意听他说些什么。帮助他了解真实的问题情况，"被真实的了解"是个非常重要的经验，经由这种经验，孩子可以和了解他的人（如父亲或母亲）形成心灵上的联系。而这种心与心交会的状态达到某种程度时，孩子即会发生"整个人的变化"。若发现孩子可能有自我伤害倾向的行为或企图时，父母亲（或师长）要记得随时调整自己的心态，放弃"父母（或师长）的威严"，让孩子感受到真正的关怀。倾听他的诉说，接纳他。最好站在孩子的立场上，去感受他所感受的，让他体会到有人能够真实地了解他、关心他。

2. 支持、表达您对孩子的关心

要向孩子表达您对他的关心时，语气要恰当，心中最好只有一个念头："我要仔细而深入地去感受我的孩子目前所感受的"，例如："我可以感受到你非常难受"；"我不敢说我是不是真的能感受到你的内心有多痛苦，但我很愿意也很希望能够和你一起面对你的问题"；"你愿不愿意让我多知道你心里的想法和感受？"除此之外，明确地表达你的支持，也是很重要的事。

3. 若发现孩子有严重的自我伤害、自杀想法或感觉时，要保持高度敏感

如果有这方面的发现，请直接询问他对于自杀的想法。如果我们不对自杀的想法加以处理，孩子会认为我们并不关心他。自杀是一个令大家都感到不舒服的话题，但我们仍必须以坦诚、诚实、真诚的沟通来面对。当一个人表达出他想自杀的计划时，实际情况往往比这想法更糟。所以，即使他以平静的方式表达自杀的意图时，仍然要慎重处理。

4. 信任自己的判断

如果您认为学生正处于自我伤害、自杀的危机中时，就应当相信您自己的判断，不要让其他人误导您而忽略了自杀的讯息。宁可做一个杞人忧天者，也不要造成遗憾。

采取行动

（1）告知学生家人：与学生家人讨论您所知道的情况，共同决定要如何请求援助。同时要和学校老师、辅导老师联络，请他们密切注意自己孩子的举止。

（2）密切关注：不要让他独处，务必等到救援才可以离开。打电话找寻可以协助的人来帮忙，而不要事事自己处理。

6. 注意先前

一个对自我伤害、自杀行为有事前准备的孩子，很可能会真的尝试一次。如果孩子真事前准备，必须告诉家人、老师、辅导老师或其他专门人员，小心防范。

（三）三级预防

三级预防是自杀行动发生之后所采取的措施，目的在于减少因自我伤害、自杀事件所引发的长期负面效应，帮助个体或自杀者的家人、亲友回复正常生活。简而言之，三级防御就是对自我伤害、自杀高风险人群的心理干预与服务。针对已经发生伤害行为的人或自杀未遂者提供服务，降低再次伤害风险。

1. 家庭怎样减少自我伤害、自杀未遂者再次行动

（1）家里有人出现伤害、未遂的自杀行为时，切莫恐慌，要了解有关自我伤害、自杀的相关知识。重要的是对已经发生的意外要有正确的态度，避免因"家丑不可外扬"观念作祟而耻于向专业人员咨询或寻求帮助，如拨打生命救援、心

第六章 校园伤害之心理伤害篇

理危机干预热线等。

（2）要积极配合专业人员对未遂者进行评估，判断其再次伤害、自杀的可能性及其程度，并给予心理服务。

（3）未遂者存在精神障碍、心理问题，要及时对症治疗。

（4）家属要多与未遂者交流，关心爱护他们，了解他们的心理状态并善于发现引起伤害、自杀的原因。引导伤害、自杀未遂者主动暴露，观察其有无厌世、自杀等想法，进而可以采取针对性措施。

（5）对高风险自我伤害、自杀未遂者，如有抑郁情绪、屡次发生自我伤害、有自杀想法的，要注意防范并做好防范预案，包括妥善保管药物、不存放无用的危险物品、尽量避免危险物品随手可及。尽可能保证未遂者在可观察的范围内，持续或不间断保持接触或通过电话进行联系。

（6）一旦发生自我伤害、自杀行为，要迅速、就近送医院救治。

2.学校中一旦发生自我伤害、自杀事件，要及时通知家长，对自伤的同学老师进行心理疏导。

第二节　校园网络安全

【案例分析】

2006年7月27日，武汉市41中初一女生袁某，瞒着父母出去约见网友，一直下落不明。据袁某父亲介绍，放暑假后，他女儿开始迷上网上聊天，经常在网吧上网到深更半夜才回家。她抽屉里有20多张卡片，每一张卡片上都记满了网友的通讯方式。一天晚上，她瞒着父母，一个人从汉口跑到武昌的关山与网友见面，直到凌晨才回家。为此，她挨了父亲一顿打。为了限制女儿外出上网聊天，袁某的父亲上班后就将女儿反锁在家里，可是7月27日傍晚6时30分左右，袁某寻机从家中溜走。第三天，袁某的母亲接到一个操广东口音普通话的男子打来的电话，说找袁某。当得知袁某不在家时，那男子说了句"刚才还在我身边，怎么突然就不见了"，便挂上了电话。据袁某父亲分析，那男子可能是他女儿的"网友"。

网络安全问题，是近年来家长、学校尤为关注的一个问题。网络不良信息对学生的毒害，有的学生由于网络交友不慎而被骗财骗色，影响学生学习及身心健康的"网瘾综合症"，有的学生成为计算机犯罪的从犯……这些都要求相关部门加强网络安全教育，让学生做到"正确使用网络，防止网络侵害"。

一、网络安全

"网友"，是人们对那些通过在网络上聊天探讨问题所结识的朋友的称谓。互联网的出现拓展了人们的交往空间，也因此改变了某些人的交友方式。茶余饭后，打开电脑，在网上聊天，你写一句，我回一句，好多朋友会感到这是一种非常有趣的交流方式。

中小学生特别是中学生渴望友谊和交流，网上聊天给了他们倾诉的空间和对象。但是网上也有陷阱，对于这些天真单纯、涉世不深的中学生，特别是一些爱幻想、充满了好奇心的女孩子来说，稍不留神，也许就会掉进网友设好的陷阱。

据一位上高一的16岁少女说，放暑假后她经常去网吧上网聊天，认识了不少网友，在网上聊得很开心，常常一聊就是几个小时。有一个星期，她一下约见了3位网友，一位是在校大学生，一位是社会青年，还有一位是已婚男人。已婚男人约她去他家见面，她就去了。问她怕不怕，她说开始有点怕，后来还是经不住好奇心的诱惑去了，见了面很失望，聊了一会儿她就走。她说那个网友在网上说他虽然长得又高又瘦，却很英俊潇洒，而且网上聊天时也很幽默风趣，可是见了面却见那人又矮又胖，连说话都不利索。问她还会不会跟网友见面，她说："看吧，如果有谁挑起了我的好奇心，也许还会去。"

二、学生沉迷网络的原因

（一）网络聊天自身特点。网络聊天之所以吸引人，是因为网线两头的人有很大的遐想空间。这可以用心理学中"去个性化"来解释。

（二）亲子交流少。是因为学习负担重，压力大，生活单调。一位中学生说，学习生活枯燥无味，跟父母又很少交流，上网跟网友聊聊天，谈一些轻松的话题，能使自己得到放松，而且在网上还可以毫无顾忌地跟网友谈一些平时跟家长和老师不愿谈、不能谈的话。

（三）学校"减负"动了真格，学校布置的暑假作业少了，使中学生有了更多闲暇时间。大人忙着上班，他们便去网吧消磨时光。

（四）网吧监管不力，随意让未成年人进入网吧。加上职能部门对学校周边网吧管理不力，导致很多原来的游戏厅变身成黑网吧。

三、沉迷网络的危害

（一）伤害肠胃

很多学生为了上网，有的把生活费省下来，有的甚至把自己的午饭、晚饭缩减为方便面，有的甚至干脆不吃。很多学生由此患上了胃病，有的甚至得了厌食症。

（二）伤害视力

有的学生沉迷于上网，可以连续几个小时甚至十几个小时盯着电脑屏幕，对他们的视力造成了极大的伤害。

（三）威胁生命

2010年网络上爆出一段视频，一个中学生用从父母那里偷来的钱连续玩了三天两夜以后，死在了回家的路上，令人扼腕痛惜。

（四）对青少年心理上的伤害

沉迷于网络交友，不愿与现实生活中的朋友同学交流。沉迷于网络游戏，使得自己的思维方式停留在网络游戏中的"英雄情结"。有的学生为了得到上网的钱，不惜走上盗窃犯罪的道路，甚至伤害亲人。网络上充斥的大量的暴力、色情的内容，直接影响到青少年身心健康。有的青少年犯罪案件中，很多人供认，犯罪方法是从网上学习来的。青少年人格发育不完善，自控力差，是非判断能力没有完善，因此很容易受不良信息的影响。

四、青少年使用网络的注意事项

（一）慎交网友

网聊时，尽量不要透露自己的年龄、家庭住址以及个人资料或照片。很多学生喜欢在网上袒露真实姓名，有的还对网友公开自己的学校、年级、年龄、电子信箱，甚至家里的电话号码。他们认为这样才显得有诚意。交朋友就应该说真话，他们不相信网友会骗他们。

（二）尽量不与网友见面

当网友提出见面时，一定要警觉，不要单独见面，不要与网友单独吃饭。如非见面不可，最好去人多的地方。

14岁的小雯是个旅游爱好者，也是一个小"网虫"。她特别关注世界各地的风土人情和奇闻逸事，梦想有朝一日能够周游世界。暑假的某一天，在征得妈妈的同意之后，她开始在网上的电子布告栏（BBS）上发出旅游咨询信息。她给自己起了一个非常有趣的网名"开心果"。从此，她每天都会收到数十条来自四面八方的信息，这真让"开心果"大开了眼界。在诸多的网友中，小雯觉得"青苹果"可不是一般人物，此人谈吐不凡，妙语连珠，出口成章，真让小雯有种相见恨晚的感觉。可是最近让小雯感到为难的是"青苹果"开始不断打探她的真实身份。有几次，小雯都想如实告之，可最后还是忍住了。更让小雯为难的是"青苹果"向她发出了见面请求。小雯非常苦恼，想不去却又怕会失去一位网上密友，如期赴约，又担心对方人面兽心。最后，聪明的小雯想出了一个两全其美的办法，她请爸爸作陪，并将约会地点定在博物馆门口。

小雯和爸爸提前10分钟赶到博物馆，左等右等都不见"青苹果"的踪影。在焦急的等待中，远远地看见表姐朝这边走来。表姐真是快人快语，离老远就喊："请'开心果'恕罪，'青苹果'来迟了。"原来，在大学读书的表姐为了增强表妹的网上自我保护意识，才和小雯的妈妈联合导演了这幕轻喜剧。

3. 遇到谈话低俗的网友，最好的应对方式就是不反驳或不回答，以沉默的方式对待。

附录一

教师体罚案例

（详见第三章）

1. 教师体罚学生导致学生患上精神病

马国君曾是河北省井陉矿务局第一小学学生，尽管学习起来有点吃力，但一至三年级，他一直快乐活泼。从四年级开始，马国君变了，他的父母发现，他回家后常躲在屋里哭泣，问他为什么，他却始终不肯说出原因。

1998 年 3 月 23 日下午的第三节班会课上，因为没有按要求带校服，班主任焦燕君让马国君站到讲台前，摘掉眼镜，当着全班同学的面，马国君被连打几个耳光，打完后，马国君流着泪一直站到放学。

马国君的父母得知此事后十分震惊，要求学校调查处理。学校就此事开展了调查，当着家长的面，询问马国君被打的经过。"四五年级被打过 40 次，六年级上学期被打过十七八次"，焦老师"打脸、打背、打手、踢腿"，上四年级时，焦老师把马国君叫到办公室，打他的脸，把眼镜打掉，镜框裂了。"还有一次，我没有完成作业，老师打完我后，让我回家补作业，我跑到焦化厂地下室补完作业。"

1998 年 6 月 26 日，校方对焦燕君的行为做出处理，让其退出教师岗位，向学生家长赔礼道歉，并赔偿四年级时打坏的学生眼镜，取消评先进资格，扣发相应奖金，通报全校教职工引以为戒。马国君并没有因此走出被焦老师体罚的阴影，班上同学开始疏远他，精神处于恐慌之中，常常独自发呆，害怕见人，夜间睡眠差，经常做噩梦，幻觉性地把"老师"看成"怪兽"，形成恐惧、自卑、厌学等异常心理。

小学毕业会考后不久，马国君被父母带到医院检查，石家庄白求恩国际和平医院诊断为反应性精神病，河北省精神病院会诊是延迟性心因反应，属精神病。这一年，马国君被井陉矿中学录取，据马国君的父母说，因为病情一直没有上学，他们曾经多次劝说孩子环境变了，老师变了，但他认为所有的老师都打人。1999年10月13日，河北医科大学第五医院精神病司法鉴定委员会受井陉矿区法院委托，对马国君病情做出司法鉴定，鉴定为延迟性心因反应，与被打体罚有关。

2. 吞吃大粪

贵州湄潭县抄乐完小学五年级二班的班主任罗远寿宣布过一个规定，谁上课时转头看后面的同学，就要令后面的同学吐10口唾沫给他吞下。1999年12月13日，学生冯航上课时向后张望，被罗老师厉声呵斥，当即吓得发抖。尽管如此，后排的同学还是被强令向冯强吐口水。吐到第三口时，冯航受不了，回吐了一口唾沫。罗远寿见状火起，令后排的这位同学到厕所撬屎给冯强吃，如不去就不准上学了。这位同学只好流着泪撬来粪便喂冯航，而后痛苦得放声大哭，班上的其他同学也都哭了。这时的罗远寿居然还威胁冯航说："不许吐出来，一定要吞下去！"被公开侮辱的冯航，身心受到严重伤害，自觉无脸见人，整天精神萎靡，目光呆滞，并从此辍学。

3. 遭受"黥刑"脸刻"贼"字

1999年10月6日，陕西华阴市黄河工程机械厂子弟学校一个姓巩的女同学丢了10元钱，怎么查也没有人承认，同学之间互查也没有结果。钱最后是一个姓刘的学生在巩某桌子的横梁底下发现的。班主任崔敏叶老师因此认定是刘某偷的，对他说："你过来，我在你脸上写个字，让你'光荣光荣'，永远记住这个教训。"便拿起锥子，把刘某的头揽过来，在他脸上划了个"贼"字，面积比5分硬币稍大。

在脸上被划字以后，崔又逼着王某写"检查"，连写了3遍，都没过关，因为里面提到老师在他脸上刻了个"贼"字。到写第4遍时，王某猜到了崔的意图，省略了这个细节，检查才算合格了。

对王某的伤情，华阴市公安部门的法医鉴定是轻微伤。开始，王家对此有疑义，于21日到西安市要求重新鉴定。据王家介绍，鉴定部门不接受个人委托。他们到某美容机构检查，说是划伤已深及真皮层，如不经过美容，可能会留下疤痕。

崔敏叶有十多年教龄，对工作一直兢兢业业。她自己家里有很多困难，6

附录

岁的孩子重病在身，但从来都是一心一意扑在工作上，对调皮的孩子也很有耐心。她这个班的学生，有60%以上是家长"走后门"进去的，大家知道她对学生认真负责，都愿意把学生交给她。她有个特点，一上讲台会忘记自我，像个孩子一样，其语言、表情全部儿童化了。她很求上进，师专毕业后又自学了大学本科课程。

4. 背不出口诀被烫伤

新乐市西名村小学两名三年级的学生，一名叫王子豪，另一名叫王军龙，当班主任李荣敏老师让他们背数学口诀时，都没能背下来，这是老师头一天留下的作业。结果，李老师先让王子豪站到讲台前，自己随后将铁制扒火钩放在煤火炉子里烧烫片刻，李老师竟挥舞扒火钩伸向王子豪的脸，王子豪的左脸被灼伤了一道口子。随后，李老师又让王军龙站到讲台上，变本加厉地把扒火钩在火炉子里烧了烧，又捅向王军龙的脸。结果，王军龙的右脸被烫伤一道口子，左脸被烫伤三道，其中两道呈"+"字。李老师在烫伤他们后，还说："看以后谁还敢不听老师的话。"

5. 当众脱裤子

西安雁塔区鱼化乡老烟庄小学二年级12名小学生因未完成作业，年轻的班主任勒令他们脱裤子在教室里转一圈，以示惩罚。被命令脱光裤子的12名学生年龄多在八九岁左右，都是二年级学生，其中7个男生，5个女生。

学生们说，2000年3月27日上午，肖老师命令未完成作业的学生当众脱裤子后在教室里转一圈，同时指派两名班干部对不听话的学生强行脱裤子。当时有许多其他年级的学生趴在窗子上观看。

6. 耳膜被打穿

1999年12月13日上午7时40分，郑州市伏牛路小学六(3)班班主任、语文老师魏某在教室检查星期天布置的作业，让未完成作业的同学站出来，曹、冯等4位同学站起后被拉到讲台上，魏某对他们进行训斥后，又殴打了4位同学的头部、脸部。上完第一节数学课后，曹、冯两位同学因害怕第二节语文课再挨打，便跑到校外补写作业，魏某发现两人没在课堂上后，便派出另两位同学去找，当曹某、冯某被叫到教室后，魏某又用拳脚对两人进行殴打，当一拳打到曹某脸部时，曹某马上感到左耳一阵疼痛，接着就嗡嗡直响。冯某被打后书包滚落在地，当其弯腰去拾时，又被踢了一脚，结果脸碰到了地，当时就一片红肿。当日下午，学生家长带孩子到郑州市中心医院进行了检查，医院诊断：曹某左耳膜穿孔，3天后需做修补手术；冯某左面颊部红肿。

7. 被迫喝下"颜料水"

2000年6月7日上午，柳州市29中附小老师王某在给本校六（三）班上第三节课前，发现自己放在过道的开水被学生"故意"倒入美术颜料。在课堂上质询"肇事者"而无人出声的情况下，王某采取"株连"追究方式，把颜料污物倒入半桶凉开水，由班长带头，台下其他同学轮流上来舀这略带异味的"颜料水"喝下……

8. 蹲着听课

山东济南某中学一学生小韩，性格孤僻平时爱自言自语，因在数学课上"交头接耳"被任课的赵老师抓了个正着，老师就罚他蹲着听课，以示惩戒。此后，每逢数学课小韩就蹲到教室的后面，直到学期末放假才得以"解放"而遭任课老师体罚，竟被逼蹲着上课达一学期之久。新学期开学3天，又因答不出数学定义遭到同样体罚，这名初二学生至今还在蹲着听数学课。因为蹲着视线太低，小韩只能"听"课，老师的板书无法看到。而这位老师则解释，他的做法仅出于对学生学习的促进。

小韩说，他基础较差，全班55人他的成绩排在40名开外，自从蹲着听课以来成绩更差。现在考试他的数学成绩仅是个位数。他说，他会努力做个好学生，只是不想再蹲着上课了，他受不了。

9. 180记耳光

2000年5月22日星期一上午，陕西澄城县庄头乡柳池小学某班级上第三节数学课，班主任李某检查作业时发现，她星期五中午布置的56道数学应用题，班上有8名同学未完成，于是，这些同学被老师叫上讲台站成一排，让做完作业的18名同学上去，每人打这8名同学10个耳光。挨了180记耳光之后，这8名二年级的小学生都哭了，脸也被打得肿起来。8名被打同学中，有3名男生，5名女生。其中部分孩子因为疼痛和羞愧下午没有去上课。

附录

10."舔屁股思过"，贵州一小学教师被查处

学生不会朗读课文，竟被体罚舔屁股。贵州省纳雍县纪委、教育局13日做出决定，给予体罚学生的张家湾镇蜂岩小学一年级班主任、语文老师陈元虎留党察看两年、行政降两级工资的处分。

据介绍，2004年4月9日下午，该县张家湾镇蜂岩小学一年级班主任、语文老师陈元虎在给学生讲授《红领巾》课文时，将全班学生分成四个组来朗读课文。第一、二、三组学生由于得到陈的"引导"，遂能顺利朗读下去。在前三个组轮流复读的情况下，第四组学生却不能顺利朗读。陈元虎一气之下，将第一组9名学生叫上讲台，逐个把学生的裤子脱下来露出屁股，强迫第四组6名学生（3男3女）去舔他们的屁股，让这些学生"舔股思过"。

纳雍县纪委认为，陈元虎身为共产党员、人民教师，其行为严重损害了学生的身心健康，违反了教师职业道德规范，引起学生家长强烈不满，社会影响恶劣。为了维护学校正常的教学秩序和学生合法权益，纳雍县纪委、教育局决定，给予陈元虎留党察看两年、行政降两级工资处分，并在全县通报批评。

11. 云南一教师逼学生活吞苍蝇

10月20日，云南玉溪市北城镇夏井小学发生了一起罕见的教师体罚学生并强迫学生吞吃苍蝇的恶性事件。

事件发生在10月17日上午，18岁的夏井小学四年级一班数学教师潘光礼因听班上学生向他反映，说该班学生何卫经常在上学途中逗留、玩耍，潘光礼竟在上课时间当即对其施行体罚。令该班班长将何卫按在课桌上，用抹布捂住嘴，再由潘光礼先做示范，用教棍殴打其屁股，然后让其他学生依次效仿殴打何卫，事后潘警告学生：谁也不许将此事告诉家长，否则加倍处罚。

10月20日，一学生又向他反映何卫17日被打后骂他"潘狗"。潘光礼当即大怒，马上质问何卫。已吃过苦头的何卫在否认骂过老师的同时吓得跪在潘的面前不停地求饶，但潘仍不罢休。据班上的同学称，潘当时对何卫提出了4个惩罚条件让其选择，第一是让每个学生依次打1000棍子；第二是老师

亲自动手打 100 棍；第三吃下 1000 只活苍蝇；第四吃树上的绿虫。何卫怕老师又下重手，表示愿让同学打，潘便令一名女生先动手"施刑"，另叫几名男生按住何卫四肢，自己在旁边监督。该女生迫于无奈，边打边哭，一共打了何卫 200 余棍。何卫当即被打得皮开肉绽，由于受不了如此体罚，他又只得哀求选择吃苍蝇。潘光礼听后，当即就叫几个男生到外面捉来了 10 只苍蝇，强迫何卫生吞下去。慑于潘的"威严"，何卫一边哭泣一边抓起 7 只苍蝇放进嘴里，吞下了 3 只后，由于恶心引起了呕吐，剩下的 4 只也被吐了出来。潘光礼认为分量不足，又让何卫吃下吐出来的 4 只苍蝇，后在何卫的苦苦哀求下才作罢。

潘光礼体罚学生并强迫学生吞吃苍蝇一事发生后，当地一片震惊。据其他学生家长讲，潘光礼体罚学生已由来已久，该班半数以上的学生都曾受过其体罚。

12."差生"伺候"优生"吃饭

7 月 15 日中午，河南省少年先锋学校的餐厅内，一群孩子从容地啃着鸡腿，喝着红酒，另一群孩子在一边殷勤"伺候"着。从 7 月 6 日开始，该校举办了暑期夏令营，70 名 8 岁~12 岁的小学生参加了夏令营。校方提出"体验人生百态，把握自我命运"的口号，采取了一种特殊的"奖惩"措施：根据每位同学的表现打分，按分数将学生分为"上士""中士""下士" 3 个级别。上士在中午吃饭时可以享受三菜一汤的午餐和一杯象征身份的红酒。中士的午餐是两菜一汤。下士不仅要"服侍"上士吃饭，而且要等上士"酒足饭饱"离开后，把上士餐具洗刷干净，才能吃饭。

校方表示，通过这种方式，主要是想让学生明白勤奋能够改变人生、努力才能有成果的道理。很多同学当过上士也当过下士，这种角色的转换能让学生提高面对挫折和失败的心理素质，将来也能尽快适应社会上的竞争。儿童心理学专家则认为："孩子的心理是不定性的，学校应该培养学生努力向上的精神，而不是看最终结果。学校的出发点也许很好，但这种方式可能会影响孩子的心理发育和性格塑造。"

附录

附录二

学校常见食物中毒的预防

（详见第五章）

（一）细菌性的食物中毒事件的预防

1. 细菌性的食物中毒是最常见的食物中毒，细菌也有不同的种类。

（1）有一些细菌常常存在于被感染的动物及其粪便当中，进食受到污染的禽类包括肉、蛋、鱼、奶及其制品的时候就可以导致食物中毒，一般在进食后12至36个小时出现中毒的症状，中毒的表现主要有腹痛、呕吐、腹泻、发热等，一般的病程有三到四天。

[案例]

2006年的9月，西部某市小学，发生了一起因食用凉拌的猪肉而引起的食物中毒，先后一百多名学生陆续出现恶心、呕吐、腹泻、腹痛等症状。经过调查发现，这是一起典型的细菌性的食物中毒。原因是该学校的食堂出售的猪肉受到污染，导致食物中毒。

（2）有一些细菌，存在于人或者动物的化脓性的病灶当中，进食受到污染的奶类、蛋及蛋制品、糕点、熟肉就可以导致这一类的食物中毒发生。发生这一类的食物中毒一般是进食后一到六个小时出现症状，症状有恶心、剧烈的呕吐、腹痛和腹泻，一般在一到三天就可以好转，痊愈。

[案例]

1999年9月，西部某市先后有11个小学800多个学生陆续发生呕吐、腹泻等食物中毒的症状，经过调查发现，该市一个餐饮服务公司为小学生加工早餐的时候，将在冰柜里面冷藏的已经受到葡萄球菌污染的油煎的鸡蛋，没有经过充分加热就提供给学生，导致学生食用后中毒。

（3）有一些细菌，存在于土壤、空气、尘埃当中，进食受到污染的剩米饭、剩菜、凉拌菜等，就可以导致食物中毒。这种中毒一般进食一到五小时以后就可以出现症状，主要的症状也是恶心、呕吐、腹痛、腹泻等。

[案例]

1999 年 5 月，南方某市中学先后有 82 名学生因为食用了学校食堂用剩米饭加工的蛋炒饭，造成了 39 个人出现腹痛、呕吐等中毒症状，经过调查，查明这起食物中毒就是由于变质的剩饭引起的细菌性食物中毒。

2. 细菌性的食物中毒的预防措施

（1）食堂从业人员应该坚持健康的检查制度，凡是患有一些消化道疾病、痢疾、伤寒、病毒性肝炎等疾病的不能从事直接接触，入口食品的工作。

（2）食堂从业人员如果有皮肤的溃破、外伤感染、腹泻等不要带病加工食品。

（3）食堂的从业人员要有良好的个人卫生习惯。

（4）严格把握食品的采购关，禁止采购腐败、变质或者其他感官性状异常的食品。

（5）要注意食品的储藏卫生，要防止蟑螂、鼠类及其他不洁物污染食品。

（6）加工食品必须要烧熟煮透。

（7）加工食品的工具容器一定要生熟分开。

（8）剩余的食品必须冷藏，然后确认没有变质的情况下，必须经过高温彻底加热，才可能继续食用。

（二）化学性食物中毒的预防

1. 化学性食物中毒的种类

（1）鼠药中毒

鼠药中毒在化学性中毒里比较多见，毒性最大的就是毒鼠强，毒鼠强对人的致死量 5 到 12 毫克就可以致人死亡，一般在误食 10 到 30 分钟之后，就可

附录

以出现明显的中毒症状。

轻的中毒症状主要是头疼、头晕、乏力、恶心、呕吐、口唇麻木、酒醉感等，重度的中毒就表现突然的晕倒、癫痫一样的大发作，发作的时候全身抽搐、口吐白沫、大小便失禁，意识也丧失。

[案例]

2001年2月，西部某市高中（职），一个高一的学生突然感到胃痛、头晕、恶心，随即被送往医院进行紧急的救治，此后又陆续有190多名学生产生同样的症状被送到医院进行救治。经公安机关查明，这起食物中毒是人为的投毒所致，犯罪嫌疑人把一些鼠药撒在蒸馒头的面粉当中，导致学生食用后中毒。

（2）亚硝酸盐中毒

亚硝酸盐大家俗称工业用盐，摄入亚硝酸盐0.2到0.5克，就可以引起食物中毒，如果食用3克就可以导致人死亡。

亚硝酸盐中毒表现主要有：发病比较急，口唇、舌尖、指尖出现青紫等缺氧的症状，严重的时候，眼的结膜、全身的皮肤都出现青紫，自觉症状就是头晕、头痛、无力，心率快等。

[案例]

2004年10月28日，北方某县一所中学，发生了100多名学生在学校食堂用完午餐之后出现集体食物中毒，120多名学生先后到一个医院去接受治疗。经过调查查明，造成这起食物中毒的原因，是当天中午的鱼香肉丝里面含有亚硝酸盐，可能是厨师在炒菜的时候把亚硝酸盐当成白糖放进菜里，导致食物中毒。

[案例]

2004年5月，北方某高校一百多名学生发生食物中毒，最后经过公安机关侦查，造成中毒的原因是承包该高校学生食堂的承包人之间发生竞争，其中一个承包人将亚硝酸盐投入食物里面，导致食物中毒发生。

（3）农药中毒

在农村、县城学校里面，这一类中毒比较多见，比较常见的是有机农药中毒，多为误食含有有机农药的水果、蔬菜，或者人为投毒所致。

一般在食用含有农药的食品之后四小时或者十几个小时出现中毒症状，轻度的中毒主要表现为头痛、头晕、恶心、呕吐、乏力、多汗，视物模糊，重度的中毒就会出现呼吸困难，口唇发干，四肢抽搐，瞳孔缩小，大小便失禁，甚至出现昏迷或者休克，这一类中毒如果抢救不及时，就很有可能导致死亡。

[案例1]

2002 年 9 月，南方某县一所中学，发生了十余名学生食物中毒事件，经卫生防疫和公安部门调查，发现该起食物中毒系当地一个村民将加工的大米存放在被农药污染过的库房里面，致使这些大米受农药的污染，这些大米出售给了该所中学一个食堂承包者，学生食用后出现中毒症状。

[案例2]

2005 年 1 月，南方某县镇一所小学发生一起因为食用含有农药残留的四季豆引起的食物中毒，先后有 800 多名学生出现呕吐、腹痛、头晕。

2. 化学性食物中毒的预防

（1）应该严禁食品储存场所存放有毒有害物品。

（2）鼠药、农药等有毒有害的化学物品，一定要有标签，存放在专门的场所，不能让别人随意拿到。

（3）加强亚硝酸盐的保管，避免误作食盐、食糖或者碱面放到食品里面。

（4）蔬菜加工的时候，要用清水浸泡。买来的蔬菜应该用清水浸泡 5 到 10 分钟，浸泡完了以后，要用清水反复地冲洗，一般要洗三遍以上。

（5）不能随便使用来源不明的食品或者容器。

（6）食堂应该建立严格的安全保卫措施。化学性食物中毒其中有很大一部分都是由于投毒所致，所以食堂的管理应该建立严格的安全保卫制度，严格禁止非食堂工作人员随意进入食堂，厨房食品加工间、仓库在人离开以后要随时上锁，防止人为投毒事件的发生。

（三）有毒的动植物中毒的预防

1. 四季豆中毒

这是有毒动植物中毒里面最常见的。没有煮熟的四季豆含有一种叫皂甙的有害物质，还有一种叫植物血球凝集素，这两种物质都对人的身体是有危害的，可导致食物中毒。

一般进食没有烧透的四季豆，1到5小时以后就会出现症状，症状主要有恶心、呕吐、胸闷、心慌、包括出冷汗、手脚发冷、四肢麻木等，它的一般病程相对来说比较短，恢复也很快，愈后非常好。

[案例]

2002年10月，北方某市的一所中学有94名学生发生食物中毒，出现了腹痛、腹泻、呕吐等症状，先后到医院去就诊。经查明，所有的去就诊的学生都食用了排骨炖豆角，因为排骨炖豆角中豆角炖的时间不够，没炖熟，最后引起了食物中毒。

将四季豆放到水里面可以煮烫十分钟以上然后再炒，容易杀灭有害的物质，那么就能够有效地避免食物中毒的发生。

2. 生豆浆中毒

生豆浆中毒的发生率也比较高。生的大豆里面含有一种叫胰蛋白酶的抑制剂，抑制剂进入肌体后，能够抑制体内胰蛋白酶的正常的活性，而且对胃肠有明显的刺激作用。

所以进食生豆浆之后，半小时到一个小时就会出现症状，主要有恶心、呕吐、腹痛、腹胀、腹泻等，生豆浆中毒的预后也很好，一般没有必要进行特殊的治疗。

[案例]

2004 年 10 月，中部某市一所中小学的综合实践教育中心，有 100 多名学生在早餐之后，先后出现呕吐、头晕、肚子痛、腹泻等食物中毒的症状，后来查明这起食物中毒是因为这些学生在早餐的时候，都吃了油条和豆浆，其中的豆浆煮的时间不够，导致学生食用以后发生食物中毒。

在煮豆浆的时候，上涌的泡沫要除掉，在充分地煮沸以后，煮开以后，再以小火维持分钟左右，就能充分使豆浆煮熟、煮透，防止生豆浆引起的食物中毒。

3. 发芽的马铃薯中毒

马铃薯在发芽或者变绿的时候，里面含有一种叫龙葵素的物质。在烹调的时候，如果没有去除或破坏掉龙葵素，那么食用以后，就会发生中毒。

这种中毒在春末夏初季节一般发生比较多，这个时候马铃薯是容易发芽、容易变绿的时候，一般在进食以后 10 分钟到数小时就可以出现症状，先是咽喉发痒，然后烧灼感，上腹部也有烧灼感，甚至疼痛，然后又出现胃肠症状，呕吐或腹泻等等，还可以出现头晕、头痛、甚至轻度的意识障碍，这种中毒严重的时候，也可能因为心脏衰竭、呼吸中枢的麻痹而导致死亡。

[案例]

2004 年 10 月，西部某县一所中学，有 29 名学生发生因为食用马铃薯造成的食物中毒，其中有 7 个人中毒的症状还非常明显，后经当地的疾控部门现场采样进行检测发现，那些学生当餐吃的土豆丝里面含有龙葵素，最后确认是食用了未炒熟的、发芽的马铃薯造成的食物中毒。

对马铃薯造成的食物中毒的预防，首先要让这些知识能够被食堂炊管人员所接受，所掌握。另外在储藏过程当中，马铃薯应该低温储存，避免阳光照射。

如果要食用有少量的发芽的马铃薯，要彻底地把发芽的地方挖掉，另外要注意的就是这种马铃薯不要炒着吃，可以煮着、炖着、红烧着吃，如果炖着、

附
录

烧着就容易把它的浓奎碱给破坏掉。另外烹调的时候，也可以加点醋，这样可以破坏掉浓奎碱。

4.河豚鱼中毒

河豚鱼的某些脏器以及组织当中，含有毒性非常强的河豚毒素，这种毒素特别稳定，经过炒、煮、盐腌、日晒都不能够破坏。

误食后10分钟到3小时就会出现典型的症状，主要表现为感觉障碍，瘫痪，呼吸衰竭，这种河豚鱼导致的中毒死亡率非常高。

[案例]

2004年2月，南方某县一个村民食用了河豚鱼，在很短的时间内就造成了死亡。

5.有毒的蘑菇中毒

我国蘑菇的品种非常丰富，可食用的蘑菇有300多种，有毒的蘑菇也有80多种，有毒的蘑菇含的毒素有10多种，常常会因为误食而导致中毒。

夏秋季由于适宜蘑菇的生长，所以发生毒蘑菇中毒的事件就比较多。一般在误食以后的半小时到6个小时就可以出现症状，蘑菇中毒有以下几种类型：

（1）胃肠型的中毒，主要表现就是发生胃肠的症状，包括恶心、呕吐、腹痛、腹泻，这种中毒的病程短，预后相对来说比较好一点，死亡率不是太高。

（2）神经、精神型的中毒，这种蘑菇中毒主要症状就是有幻觉，狂笑、手舞足蹈，行动不稳，也可出现多汗、流口水、脉搏缓慢等，这种中毒危险性相对来说又更大一点。

（3）溶血性的中毒，这种蘑菇中毒的毒性最大，发病以后，一般三到四天，就会出现黄疸、血尿以及肝脾肿大等典型的溶血症状，死亡率非常高。

6.蓖麻子中毒

蓖麻子中毒不多见，但是由于小孩不懂得蓖麻子是不是可以吃，也时有发生。蓖麻子里面含有蓖麻毒素、蓖麻碱等毒素。

其中以蓖麻毒素的毒为最强，一般小孩吃一两粒蓖麻子就可以导致死亡。成人如果吃3到12粒，也可以导致严重的中毒甚至死亡。

蓖麻子中毒的症状主要是一些肠胃道的症状，包括恶心、呕吐、腹痛、腹泻，也可以出现一些脱水、休克、昏迷、抽风、黄疸等，如果不及时抢救，两到三天就会出现心力衰竭、呼吸麻痹，最后导致死亡。目前对于蓖麻毒素，我们还没有特效药，所以蓖麻籽切忌食用，不论是生的，还是熟的。

[案例]

2006 年 4 月，西部某县组织学生去种蓖麻，其中有两所小学 100 多名学生误食了蓖麻，导致中毒。

7. 马桑果中毒

马桑果又名毒空木、马鞍子、黑果果、扶桑等，其中有毒的成分叫作马桑内酯、吐丁内酯等。

如果误食这种马桑果，在半小时到三小时之间就会出现明显的头痛、头昏、胸闷、恶心、呕吐、腹痛症状，这种中毒的症状可以自行地恢复，对身体的损害不像前面讲的有一些动植物中毒那么大。

附录三

自我伤害行为筛选量表——教师观察评量表

（详见第六章）

使用筛选量表不必与学生交谈，只需观察并记录孩子平时外在行为即可。这份量表是希望能找出哪些行为表现是需要及时注意的问题，以预防将来不幸事件的发生。

请您根据您所知道该生"最近一个月"的情况仔细回答，如果有下列情况发生，则在"是"的方框内打"√"；如果没有，则在"否"方框内打"√"。

第一部分 学生近况

一、忧郁、孤独

（一）情绪状况——主要描述该生情绪低落、孤单或不安等。

	是	否
1. 这孩子是否情绪低落郁闷	□	□
2. 这孩子是否会哭泣或想哭泣	□	□
3. 这孩子是否变得不安，无法静下来	□	□
4. 这孩子是否感到非常的寂寞、孤独	□	□

（二）行为状态——主要描述该生行为的变化，例如常做的事不做了，别人排斥他，犹豫不决等。

	是	否
5. 这孩子是否会无缘无故地觉得身体疲劳	□	□
6. 这孩子是否变得犹豫不决	□	□
7. 这孩子是否不想做他以前常做的事	□	□
8. 这孩子是否头脑变得不像以前那样清楚	□	□
9. 这孩子是否觉得他的烦恼无人可以倾诉	□	□
10. 这孩子是否觉得别人对他冷淡或排斥他	□	□

（三）无助、无望

	是	否
11. 这孩子是否觉得将来没有希望	□	□
12. 这孩子是否觉得自己很渺小、很不重要	□	□
13. 这孩子是否觉得无助、惊慌、不知道该怎么办才好	□	□

二、攻击、违纪

（一）攻击部分之情绪状态——主要描述该生的"生气"情绪

	是	否
1. 这孩子是否脾气暴躁	□	□
2. 这孩子是否情绪变化大	□	□

（二）攻击部分之行为状态——主要描述该生的"生气"等外显行为

	是	否

3.　这孩子是否常与别人顶嘴　　　　　　　□　　　□

4.　这孩子是否常打架　　　　　　　　　　□　　　□

5.　这孩子是否喜欢骂人和说脏话　　　　　□　　　□

6.　这孩子是否喜欢嘲笑或欺侮人　　　　　□　　　□

7.　这孩子是否曾攻击或恐吓别人　　　　　□　　　□

（三）攻击部分之个性状态

　　　　　　　　　　　　　　　　　　　是　　　否

8.　这孩子是否善妒或多疑　　　　　　　　□　　　□

9.　这孩子是否没有内疚感或责任感　　　　□　　　□

（四）违纪部分之不当行为

　　　　　　　　　　　　　　　　　　　是　　　否

10.　这孩子是否会破坏别人或自己的东西　□　　　□

11.　这孩子是否爱说谎或欺骗别人　　　　□　　　□

（五）违纪部分之违反校规

　　　　　　　　　　　　　　　　　　　是　　　否

12.　这孩子是否在学校不守规矩、喜欢干扰别的同　□　　　□
学或破坏教室秩序

13.　这孩子是否曾逃学、离家出走　　　　□　　　□

三、行为改变（包括请假、旷课）、意外事件

（一）个人行为习惯的改变

　　　　　　　　　　　　　　　　　　　是　　　否

1.　这孩子是否变得较安静　　　　　　　　□　　　□

2.　这孩子是否变得较好动　　　　　　　　□　　　□

3.　这孩子是否较易忽视危险或容易冒险　　□　　　□

（二）在学校行为的改变

　　　　　　　　　　　　　　　　　　　是　　　否

4.　这孩子是否经常旷课　　　　　　　　　□　　　□

5.　这孩子是否怕上学　　　　　　　　　　□　　　□

6.　这孩子是否想要休学　　　　　　　　　□　　　□

附
录

（三）请假、生病或意外事件的发生

是　　否

7. 这孩子是否请假过多 ☐ ☐

8. 这孩子是否经常发生意外事故 ☐ ☐

9. 这孩子是否经常生病或感到身体不舒服 ☐ ☐

四、自残、自杀

（一）自我伤害的行为或念头的发生

是　　否

1. 这孩子是否有伤害自己的行为 ☐ ☐

2. 这孩子是否在作文或游戏中表现出想死的念头 ☐ ☐

3. 这孩子是否曾想过要自杀 ☐ ☐

4. 这孩子是否曾表示要以伤害自己的方法对某人或家人报复

☐ ☐

（二）讨论或使用过自杀的方法

是　　否

5. 这孩子是否曾使用酒精、药物或安非他命等具伤害性的物质

☐ ☐

6. 这孩子是否曾讨论自杀的方法 ☐ ☐

五、退缩与自我批评

（一）退缩部分之个性状态——主要描述该生是否在个性上比较孤独

是　　否

1. 这孩子是否较喜欢独处 ☐ ☐

2. 这孩子是否较冷漠、退缩 ☐ ☐

（二）退缩部分之人际关系状态——主要描述该生与他人相处的困难

是　　否

3. 这孩子是否与别人在一起时就觉得不自在 ☐ ☐

4. 这孩子是否不曾说出自己的困难或问题 ☐ ☐

（三）退缩部分之行为状态——主要描述该生是否过度守规矩

是　　否

5. 这孩子是否过度守规矩 ☐ ☐

（四）自我批评之怕做错事的感觉

	是	否
6. 这孩子是否会因一些不好的事发生而责怪自己	□	□
7. 这孩子是否常害怕做错事情	□	□

（五）自我批评之批评自己愚笨

	是	否
8. 这孩子是否缺乏自信心、感到自卑	□	□
9. 这孩子是否感到自己笨拙	□	□

第二部分　学生背景资料

姓名　　　　　　出生日期　　　　　　就读学校

年级　　　　班级　　　　　座号

下面的问题是有关这位学生的情况。

1. 该生的性别是：

（1）男　（2）女

2. 该生现在是就读：

（1）幼儿园（2）小学　（3）中学　（4）高中（职）

3. 与其他同学比较起来，该生的成绩如何？

（1）优于多数同学（2）中等以上（3）中等（4）中等以下（5）很差

4. 该生父母的婚姻状况为：

（1）结婚（2）分居（3）离婚（4）父亲或母亲长期离家（5）父亲/母亲死亡

5-1 目前以父亲身份管教或照顾该生的人是谁？

（1）该生的亲生父亲，目前与该生同住

（2）该生的亲生父亲，但目前并没有与该生同住

（3）该生的伯叔，或其他亲戚（如舅父，堂兄）

（4）该生的继父

（5）该生的养父

（6）该生的祖父

（7）其他的成年人

（8）没有

5-2 他／她（即5-1的选项）的教育程度是：

（1）幼儿园（2）小学（3）中学（4）高中（职）（5）大专以上

5-3 他／她（即5-1的选项）是否有下列的情形（请打钩，可多选）：

□酗酒 □精神病 □智能不足 □脾气暴躁 □忧郁症 □疑心重

□暴力倾向 □曾自杀过

5-4 他／她（即5-1的选项）对该生的管教态度是（请打钩，可多选）：

□过度保护 □过度严厉 □期望太高 □经常体罚 □漠不关心

□没有上面所说的情形

6-1 目前以母亲的身份管教或照顾该生的人是谁？

（1）该生的亲生母亲，目前与该生同住

（2）该生的亲生母亲，但目前并没有与该生同住

（3）该生的姑姑、阿姨、或其他亲戚（如表姑、表姐）

（4）该生的继母

（5）该生的养母

（6）该生的祖母

（7）其他的成年人

（8）没有

6-2 他／她（即6-1的选项）的教育程度是：

(1) 小学 (2) 初中 (3) 高中（职）(4) 大专以上

6-3 他／她（即6-1的选项）是否有下列的情形（请打钩，可多选）：

□酗酒 □精神病 □智能不足 □脾气暴躁 □忧郁症

□疑心重 □暴力倾向 □曾自杀过

6-4 他／她（即6-1的选项）对该生的管教态度是（请打钩，可多选）：

□过度保护 □过度严厉 □期望太高 □经常体罚

□漠不关心 □没有上面所说的情形

7. 该生在家中的排行

(1) 独生子女 (2) 老大 (3) 最小 (4) 老二 (5) 老三 (6) 其他

第三部分 在自残或自杀行为观察中注意事项

一、若学生出现上述自杀或伤害自己的行为时，老师们需格外注意并随时陪伴之。学生不一定会直接表达想死的念头，然而从自杀的研究报告显示自杀是有征兆的，用学生出现的征兆评估较为精准。详阅第六章的内容。

二、学生出现伤害自己的行为包括：不停地拔头发、不停地打自己的头或头撞墙壁、不愿意吃任何东西，甚至喝开水都会吐出来、自己弄伤自己的身体、失眠等。这类行为相当多，而"伤害自己的行为"与"自杀"是有差别的，前者指的是以任何方式伤害自己的身心健康，但该生并没有结束自己生命的清楚意愿，他可能因如此做而造成意外；后者则是任何剥夺自己生命的方式与行为，个体通常有足够的意愿或意识，后果便是死亡。

量表到此结束

量表分数统计

"自我伤害行为筛选表"共分为五个分量表，分别为"忧郁、孤独"、"攻击、违纪"、"行为改变与意外事件"、"自残、自杀"及"退缩与自我批评"五部分。本量表评估方式采取"是"、"否"的评定，若勾选"是"，则给予一分，计算方式以总和计分。

学生在"自我伤害行为筛选量表"的得分高时，表示该位学生处于不健康状态，需及早进行处理。以下我们提供了评估分数的参考值，供老师参考。但是我们要提醒各位老师，如果一位学生的得分低于这些参考值，并不表示他是绝对健康的，老师们仍需注意这些学生的行为变化。

如果该生的分量表或全量表分数高于下表所示，则代表此位学生的身心状态不良，需加以注意。

"忧郁、孤独"分量表的得分在 5 分以上，或"攻击、违纪"分量表上的得分在 5 分以上，或"行为改变"分量表的得分在 3 分以上，或"自残、自杀"分量表的得分在 1 分以上，或是"退缩与自我批评"分量表的得分高于 4 分，则此位学生的身心状态不良，需加以注意。

同理，某位高中（职）生经评估后，若其于"忧郁、孤独"分量表上得分高于 5 分，或"攻击、违纪"分量表得分高于 5 分，或"行为改变"分量表得

附录

分高于 3 分，或"自残、自杀"分量表得分高于 1 分，或是"退缩与自我批评"分量表的得分高于 5 分，则此位学生的身心状态同样是需要加以注意的。

附录四

自杀危险程度量表——教师观察评量表

（详见第六章）

本量表的目的旨在筛选出具有自杀危险性的学生，使老师能够提高敏感度，做到早发现早预防。请您依学生状况勾选以下问题：

1. 他想活下去的意愿有多高？

□很想活下去。　□不太想活了。　□完全不想活了。

2. 他有想过要自杀吗？

□没有想过。　□有一点想自杀的念头。　□非常想自杀。

3. 他想自杀的想法持续多久？

□很短暂，只是一闪即逝的念头。　□偶尔出现自杀想法。

□已有很长一段时间了。

4. 他经常想要自杀吗？

□很少，偶尔会想。　□时断时续的。　□几乎天天想。

5. 他有自杀的计划吗？

□模糊、没有特定的计划。　□有些特定计划。

□有完整的想法，订出何时、何地及自杀计划。

6. 如果要自杀，他会采用何种方式？

□服药丸或割腕。　□药物、酒精、一氧化碳、或撞车等。

□手枪、上吊、或跳楼等。

7. 他准备了自杀工具吗？

□没有。　□很容易找到自杀工具。　□手边即有自杀工具。

8. 如果要自杀，他打算在何时自杀？

□未来非特定时间。　□几小时内。　□马上。

9. 如果他自杀，获救的机会有多高？

□大多数时候身边都有人可以施以援助。 □如果求救会有人来。

□没有人可援助。

10. 他有没有告诉任何人他想要自杀？

□曾经很明白地告诉别人。 □曾经暗示过别人他有自杀意图。

□刻意隐瞒自杀意图。

11. 他是否做了身后安排（例如：写遗书、将心爱物品送人或丢弃、将财产全部用光、与亲友见最后一面、做临终的告别）？

□没有。 □想过如何安排或已着手安排，仍未完成。

□已完成身后安排。

12. 他曾经用何种方式自杀过吗？

□没有，或曾有一次以服药丸或割腕方式自杀。

□有二次或二次以上以服药丸或割腕方式自杀；或者曾有一次以药物、酒精、一氧化碳、撞车等方式自杀。

□有二次或二次以上以药物、酒精、一氧化碳、撞车等方式自杀；或者曾有一次以手枪、上吊或跳楼等方式自杀。

13. 如果他曾想过自杀，是什么原因使他没有这么做？

13-1. 他对生命充满热爱。

□经常如此。 □偶尔如此。 □从不如此。

13-2. 他相信自己可以找到解决问题的方法，相信未来会比较快乐。

□经常这么想。 □偶尔这么想。 □从不这么想。

13-3. 他若死亡会对家庭朋友造成很大的伤害，他不愿他们承受这种痛苦。

□经常这么想。 □偶尔这么想。 □从不这么想。

14. 在他的想法里，"死"是怎么一回事？

14-1. 死后不会复活。

□经常这么想。 □偶尔这么想。 □从不这么想。

14-2. 死后会到较坏的地方去。

□经常这么想。 □偶尔这么想。 □从不这么想。

14-3. 死亡不能解决问题。

□从不这么想。 □偶尔这么想。 □经常这么想。

14-4. 人死后会复活。

□从不这么想。　□偶尔这么想。　□经常这么想。

14-5. 死后会到较好的地方去。

□从不这么想。　□偶尔这么想。　□经常这么想。

14-6. 死亡是一件愉快的事。

□从不这么想。　□偶尔这么想。　□经常这么想。

14-7. 死后可以上天堂或极乐世界。

□从不这么想。　□偶尔这么想。　□经常这么想。

14-8. 死亡只是暂时的分离。

□从不这么想。　□偶尔这么想。　□经常这么想。

14-9. 死亡只是生病的症状。

□从不这么想。　□偶尔这么想。　□经常这么想。

15. 最近是否有亲人或要好的朋友死亡或离他而去?

□没有。　□有，那使他觉得有一点难过。

□有，那使他觉得非常难过，对他影响很大。

16. 最近，他的生活中有没有特别重大的事件? 例如：转学、搬家、与好友决裂、家中有新成员加入、家中成员长期离家、家中成员争吵得很厉害、遗失宠物、离开父亲或母亲超过一星期、情感上之重要人物有严重疾病（或住院、死亡）、违反校规被记过、被同学围殴或取笑、做了一些不敢告诉别人的事。

□没有。　□有，尚能应付。

□有，感到非常困扰、焦虑、悲伤或痛苦。

17. 他的父母是否有不当的管教态度（例如:殴打、侮辱或无故责骂他等）?

□没有。　□偶尔如此。　□经常如此。

18. 他的父母是否曾经对他性侵犯?

□没有。　□偶尔如此。　□经常如此。

19. 他的日常作息是否正常?

□可以维持一般正常生活。

□有些日常活动停止，饮食、睡眠及课业受到影响。

□作息混乱，日常生活广泛受到影响。

20. 最近他的课业成绩如何?